DELIUS KLASING

BELÉN CASTELLÓ & TRISTAN BOGAARD

DAS ZIEL LIEGT AUF DEM WEG

40 WELTREISEN MIT DEM FAHRRAD

Aus dem Englischen von
B. le Coutre

DELIUS KLASING VERLAG

INHALT

REISEDAUER & ALTER
159

BESONDERE PROJEKTE
223

EPILOG
269

SO FINDET IHR UNS
270

WARUM DIESES BUCH?

Beim Schreiben unseres Buches Bike Life *über unsere weltweiten Reisen mit dem Rad merkten wir schnell, dass wir an einem Tourenführer arbeiteten, der zwar sehr detailliert und zudem anschaulich illustriert war, aber dennoch wichtige Fragen offenließ. »Das ist ja alles gut und schön«, mochte mancher denken, »aber ich muss mich um meinen Hund kümmern, den ich nicht auf eine solche Tour mitnehmen kann.« Andere fanden vielleicht keine Antwort darauf, ob sie sich so lange von ihrer Arbeit freimachen konnten oder woher sie das für einen solchen Trip nötige Geld nehmen sollten. Wieder andere wurden nicht durch finanzielle Gründe abgehalten, hatten aber einen Partner oder eine Partnerin ohne die nötige Begeisterung für eine solch lange Radtour. Und für viele Interessierte, aber Unerfahrene mochte schon der Hügel vor der Wohnungstür ein unüberwindlich erscheinendes Hindernis darstellen.*

Unser neues Buch Das Ziel liegt auf dem Weg *will dich mit dem Leben von rund 50 reiselustigen Enthusiasten bekannt machen, die unseren Planeten auf höchst unterschiedliche Weise mit dem Rad bereist haben. Beim Lesen der Texte und Betrachten der Bilder wirst du feststellen, dass auch du in deiner individuellen Lebenssituation die Möglichkeit hast, die Welt auf zwei Rädern zu erkunden. Und dass es irgendwo auf der Welt Menschen wie dich gibt, die dir zeigen, wie du deine Pläne umsetzen kannst.*

Wie ist es zu dieser umfangreichen Sammlung von Geschichten über das Radfahren gekommen? Als die Coronapandemie die Welt erschütterte, zwang sie Fahrradreisende in aller Welt zum Abbruch ihrer Touren. Nicht alle schafften es, sofort mit dem Flugzeug in die Heimat zurückzukehren. Einige blieben monatelang ohne Internetzugang in den Steppen Chinas, Äthiopiens oder Kirgisiens hängen. Andere ließen ihre Räder stehen und wanderten vor Ort auch ohne entsprechende GPS-Apps durch die peruanischen Anden, das schottische Hochland oder die patagonischen Nationalparks. Unter normalen Umständen wäre es wohl bei der Idee zu diesem Buch geblieben. Doch da alle Reisenden ihre Tourenpläne zur gleichen Zeit auf Eis legen mussten, ergab sich für uns eine einzigartige Chance.

Wir nutzten sie und legten eine lange Liste von Fahrradfans an, die wir persönlich kannten, von denen wir gehört hatten oder zu denen uns Kontakte hergestellt wurden. Unser Interesse an Radreisenden blieb den Algorithmen der Social-Media-Plattformen nicht verborgen. Sie überschwemmten uns mit weiteren Informationen. Schließlich kürzten wir die Liste, bis wir für unsere insgesamt 40 Kategorien jeweils ein typisches Beispiel hatten: sei es im Hinblick auf die Wahl der Begleitung, des Fahrradtyps, die Länge der Tour oder die tiefere Bedeutung der Reise. Dabei achteten wir darauf, Menschen mit vielen unterschiedlichen Nationalitäten, Lebensumständen und Herangehensweisen an Reisen mit dem Rad zu berücksichtigen. Wir begannen, sie zu kontaktieren, und bevor wir uns versahen, führten wir tagtäglich drei Videocalls und lauschten den faszinierenden Geschichten dieser Paare, einsamen Wölfe, Mütter, Väter, Geschwister, Freunde und Freundinnen über ihre Tourenerfahrungen. Das Resultat liegt dir mit diesem Buch vor. Um angesichts der begrenzten Seitenzahl der überwältigenden Fülle an Informationen Herr zu werden, haben wir jedes Kapitel so gestaltet, dass alle Befragten einleitend kurz ihre Geschichte erzählen, um sich vorzustellen, und dann Fragen beantworten, die – bis auf die einleitende – individuell formuliert sind. Hinzu kommen beeindruckende Fotos, die die Touren dokumentieren.

Doch nun überlassen wir die Bühne all denen, die uns ihr Vertrauen geschenkt haben, dieses Buch zu realisieren. Wir hoffen, dass du ebenso viel Freude daran findest, all die Radenthusiasten und ihre Erfahrungen kennenzulernen, wie wir bei unserer Recherche.

Viel Spaß bei den spannenden Touren!
Belén & Tristan

VORWORT

FINDE DEINEN EIGENEN WEG!

Wir sind Belén und Tristan. Auch du hast dir sicher schon die Frage gestellt, wie dein Leben aussähe, wenn du deinen Herzenswünschen folgen würdest. In unserem Fall lautete die Antwort: Wir würden die Welt auf zwei Rädern erkunden und darüber in Wort und Bild berichten, um so auch andere vom Radfahren zu begeistern. Diese Zielsetzung hat unser Leben grundlegend verändert. Das Biken hat uns gelehrt, nicht nur auf unsere Gesundheit zu achten, sondern auch den Wert der Umwelt zu schätzen, die uns am Leben erhält. Zudem wurden wir Teil einer weltweiten Gemeinschaft Gleichgesinnter, denen das Allgemeinwohl am Herzen liegt – einer Gemeinschaft von Menschen, die unterschiedlich geprägt sind, aus verschiedenen Ländern stammen und aus sehr unterschiedlichen Gründen Rad fahren. Und trotz all dieser Unterschiede fühlen wir uns keiner anderen Gruppe von Menschen so zugehörig wie dieser.

Dieser Umstand brachte uns dazu, Das Ziel liegt auf dem Weg *zu verfassen: eine Sammlung von 40 Erfahrungsberichten über weltweite Reisen mit dem Fahrrad. Unser Buch soll dich inspirieren und dir dabei helfen, deinen ganz persönlichen Weg zu finden, die Welt auf dem Fahrradsattel zu erobern.*

GEMEINSCHAFT

»Bin ich allein unterwegs, fällt es mir im Nachhinein oft schwer, die Gefühle, die außergewöhnliche Momente in mir ausgelöst haben, in Worte zu fassen. In Begleitung anderer Leute teilt man diese Gefühle, wodurch das gemeinsame Erlebnis noch intensiver wird. Dadurch kann ich mich an solche Momente später auch viel besser erinnern.«

~ KYLE HUGHES ~

Manche Leute behaupten, Freude manifestiere sich nur, wenn man sie mit anderen teilt. Zumindest diejenigen, die im folgenden Kapitel zu Wort kommen, scheinen diese Auffassung zu teilen. Wir beginnen mit der Fragestellung nach der Bedeutung sozialer Kontakte, weil sie einen grundlegenden Aspekt jeder Reise mit dem Rad bildet, und zwar unabhängig davon, ob man allein, zu zweit oder mit mehreren unterwegs ist. Die Erfahrungen auf einer Tour werden zweifellos besonders dadurch geprägt, wer einen begleitet und wohin die Reise geht. Ist man allein unterwegs, kommt man oft eher ins Gespräch mit Einheimischen, und manchmal wird einem sogar aus Neugier wegen des Rades ein Übernachtungsplatz angeboten. Ein radelndes Paar wird vielleicht eher einen abgelegenen Campingplatz im Wald bevorzugen, um dort seine Zweisamkeit zu genießen. Und Eltern werden wieder andere Erfahrungen sammeln, wenn ihre Kinder mit denen anderer Familien zusammentreffen. Aber jemanden zu finden, der einen auf einer Tour begleitet, kann allein schon eine Herausforderung darstellen, wenn niemand aus der Familie oder dem Freundeskreis Interesse zeigt. Nun ist es an dir herauszufinden, welche Hochs und welche Tiefs sozialer Kontakte sich bei einer Radtour ergeben und zu welchen wichtigen Einsichten man dabei über sich selbst gelangt.

01

ALLEIN
ALS FRAU
@mairawa

Ann Johansson
Schweden (1985)
Grafikdesignerin, Lauftrainerin

Meine Touren:
von Schweden nach Tadschikistan (6 Monate)
von Schweden nach Neuseeland (18 Monate)

MEINE GESCHICHTE

Ein halbes Jahr vor meinem 30. Geburtstag wurde mir klar, dass ich mehr vom Leben erwartete als die übliche Alltagsroutine. Ich wollte etwas völlig Neues erleben. So beschloss ich, meinen Traum zu verwirklichen, der mich seit einiger Zeit nicht mehr losließ.

Seit meiner Jugend begeisterte ich mich für körperliche Herausforderungen, besonders fürs Laufen. Als das mittlere von fünf Kindern wuchs ich in einem kleinen Dorf in Schweden auf. Im Alter von fünf Jahren lief ich meine erste Meile. Als Teenagerin wurde ich eine der besten Mittelstreckenläuferinnen Schwedens und erhielt nach meinem Schulabschluss ein Stipendium, um für eine US-Universität an den Start zu gehen. Das Laufen spielte stets eine so große Rolle in meinem Leben, dass ich erst mit Anfang zwanzig andere Outdooraktivitäten ausprobierte.

Zur gleichen Zeit beschloss ich, Grafikdesign zu studieren. Nach dem Bachelorabschluss 2010 arbeitete ich für einige der besten Studios in Stockholm. Aber meine Jobs waren nicht so, wie ich es mir erhofft hatte. Meine Kreativität versandete, ich wurde immer frustrierter. Das war der Auslöser für die lebensverändernde Entscheidung: Ich kündigte meinen Job und realisierte den Traum, die Welt mit dem Fahrrad zu erkunden.

Was motiviert dich, mit dem Rad zu reisen?

Bei Reisen mit dem Rad fühle ich mich den Orten, den Menschen und der Natur entlang der Route eng verbunden. Wenn man mit 5–20 km/h unterwegs ist, bemerkt man selbst kleine Veränderung der Umgebung – seien es der durch kulturelle Unterschiede bedingte Lebensstil oder auch nur die Farbe des Bodens. Man hat genügend Zeit, all das aufzunehmen und sich anzupassen. Plötzlich findet man sich in einem Land fern der Heimat wieder, in dem man sich aber keineswegs fremd fühlt, sondern als ein zugehöriger Teil.

Dasselbe gilt für die Menschen, denen man begegnet. Wenn ich von jemandem zum Essen in sein Zuhause eingeladen wurde, hatte ich für einige Stunden das Gefühl, ein Teil seines Lebens zu sein. Zudem lernt man bei dieser entbehrungsreichen Form des Reisens die luxuriösen Annehmlichkeiten, die wir als selbstverständlich hinnehmen, erst richtig zu schätzen. So erscheint eine heiße Dusche nach einer wochenlangen Tour bei Minusgraden wie ein Geschenk des Himmels und sorgt für ein tiefes Glücksgefühl.

Wie haben deine Reisepläne Gestalt angenommen?

Alles begann 2012. Nachdem ich meinen Job als Artdirector gekündigt hatte, flog ich als Backpackerin nach Neuseeland. Ich merkte aber schnell, dass es nicht das Richtige für mich war, mit dem Bus von einem Hostel zum nächsten zu fahren. Deshalb mietete ich – ohne vorherige Erfahrung – ein Rad, schnallte meinen Rucksack auf den Gepäckträger und umrundete die Südinsel. Dabei genoss ich es, dass jeder Tag neue Abenteuer brachte. Diese zwei Monate auf dem Sattel brachten mir mehr wertvolle Erfahrungen als zwei Jahre zu Hause. Schon bevor ich das Rad zurückgab, wusste ich, dass mich diese Art des Reisens gepackt hatte.

Aber erst im Herbst 2014 kam ich dazu, meine nächste Tour zu planen. Ich gab mir eine Vorbereitungszeit von sechs Monaten, um die Route abzustecken, Visa zu beantragen, mich impfen zu lassen und mir zu überlegen, was ich in die Radtaschen packen sollte. Lediglich mit meinen Ersparnissen ausgestattet, brach ich am 1. April in Växjö auf und machte mich auf den Weg nach Süden.

Die grüne Steppe nahe Bayankhongor in der Zentralmongolei.

Wolltest du von Beginn an allein reisen? Wenn ja, gab es dafür einen bestimmten Grund?

Ich hatte mehrere Gründe, warum ich allein fahren wollte. Zunächst einmal kannte ich damals niemanden, der mich hätte begleiten können oder wollen. Außerdem blieb ich immer schon eher für mich, weil ich ein introvertierter Mensch bin. Es fällt mir nicht leicht, mit anderen in Kontakt zu treten, auch wenn ich es mir oft wünsche. Deshalb sah ich diese Tour als große Chance, meine Komfortzone zu verlassen und meine Schüchternheit zu überwinden.

Am Ende absolvierte ich fast ein Viertel der Tour in Begleitung. Diese Phasen unterschieden sich sehr von denen als Alleinreisende. Wo immer in der Welt ich allein unterwegs war, kamen viel mehr Einheimische auf mich zu und ich ging auch eher auf sie zu. Diese neue Kontaktfreudigkeit, die ich sehr genoss, verlor sich leider ein wenig, sobald ich in Begleitung war.

In welchen Ländern empfandest du als Frau die größten Einschränkungen? Wie gingst du damit um?

Zwei meiner Lieblingsländer, die Türkei und der Iran, waren zugleich diejenigen, die mich als Alleinreisende vor die größten Herausforderungen stellten. Luden mich Leute in ihre Wohnung ein, gab es nie irgendwelche Probleme, ganz im Gegenteil. Die Großzügigkeit und Herzlichkeit der Menschen in der Türkei und im Iran überwältigte mich geradezu. Aber auf der Straße litt ich unter Belästigungen.

Manchmal wurde ich von Männern auf Mopeds verfolgt, die meine Aufmerksamkeit erregen wollten. Doch je mehr sie sich bemühten, desto wütender wurde ich und zeigte dies auch deutlich. Meist reichte das, um sie loszuwerden. Einige aber bedrängten mich so sehr, dass ich fast stürzte. In solchen Situationen hielt ich ein Auto an und bat um Hilfe, oder ich erinnerte mich an einen Trick aus Juliana Buhrings Buch *Mein Weltrennen*. Wurde sie von Männern belästigt, tat sie so, als sei sie verrückt, schrie laut und fuchtelte wild mit den Armen. Dieser Trick funktionierte tatsächlich auch bei mir.

Eine Begegnung mit Schulkindern in einem Dorf am Mekong in Südlaos.

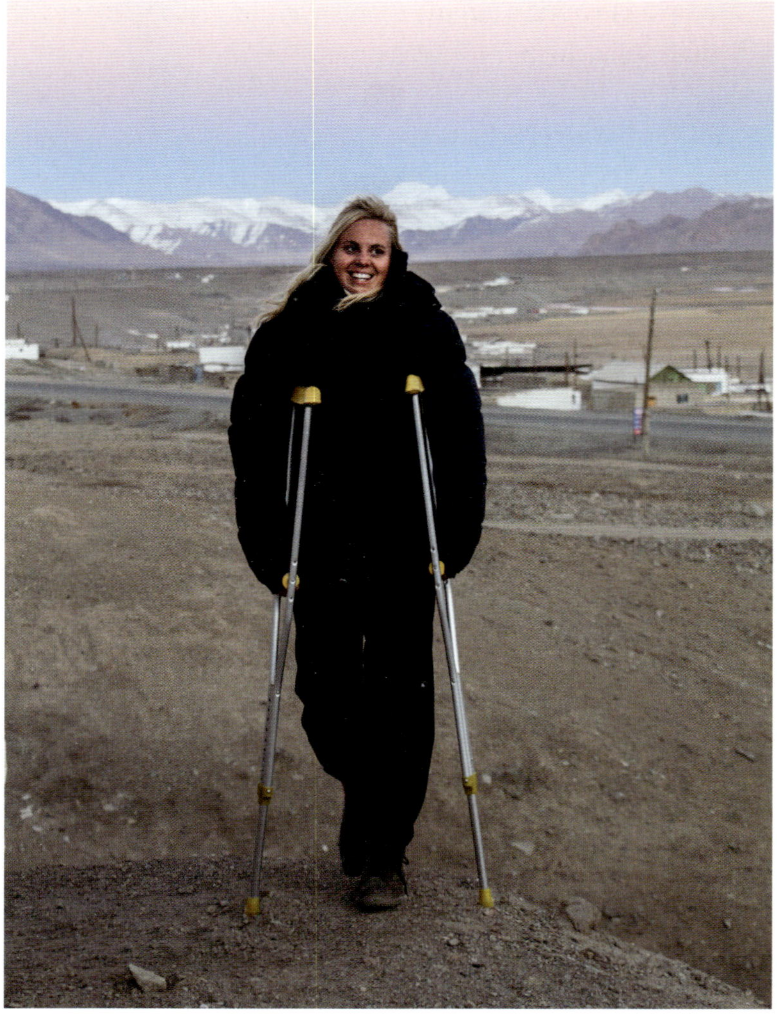

In Tadschikistan zwang dich ein schwerer Unfall zur Heimkehr. Was war passiert? Und warum bist du wieder von Schweden aus gestartet anstatt von Tadschikistan?

Im Oktober 2015 erreichte ich mit Taneli Roininen, einem Finnen, die Berge Tadschikistans. Wir verließen den berühmten Pamir Highway und steuerten das entlegene Shokhdara-Tal an. Umgeben von schneebedeckten Bergen erreichten wir den 4300 Meter hoch gelegenen Turumtaykul-See. Es war ein magischer Ort, aber vor Müdigkeit und Hunger war ich einen Augenblick unkonzentriert. Beim Sturz verhakte sich mein Fuß in der Pedale. Ich spürte sofort, dass ich mir den Knöchel verstaucht hatte und nicht weiterfahren oder gehen konnte. Wir waren weit vom nächsten Dorf entfernt, und unsere Handys hatten keinen Empfang. Also machte sich Taneli mit seinem Rad auf den Weg, um Hilfe zu holen, während ich in meinem Zelt blieb. Nach 15 Stunden und einem Schneesturm kam er mit zwei Einheimischen in einem Allradfahrzeug zurück. Einige Tage später saß ich im Flugzeug nach Schweden.

Während meine Verletzung heilte, plante ich, wieder nach Tadschikistan zu fliegen und an den Ort des Sturzes zurückzukehren, um von dort aus die Tour fortzusetzen. Aber je länger ich darüber nachdachte, desto mehr missfiel mir der Gedanke zu fliegen. Schließlich startete ich beim Haus meiner Mutter. Die neu abgesteckte Route führte durch Russland (und Sibirien), Kasachstan und die Mongolei – für mich allesamt weiße und daher um so spannendere Flecken auf der Karte.

Ich weiß selbst nicht genau, warum ich so besessen davon war, jeden einzelnen Meter der Strecke mit dem Rad zurückzulegen. Wegen meiner Verletzung und Visa-Beschränkungen war ich beim ersten Versuch gescheitert. Jetzt hatte ich das Gefühl, eine zweite Chance zu bekommen.

Welcher Moment war für dich unterwegs der glücklichste?

Es ist schwierig, wenn nicht sogar unmöglich, ein einzelnes Erlebnis hervorzuheben. Die zwei Jahre auf der Straße waren die bisher glücklichsten meines Lebens. Die Welt mit eigener Muskelkraft zu erkunden und dabei so vielen freundlichen, hilfsbereiten und inspirierenden Menschen zu begegnen war etwas absolut Außergewöhnliches. Was mich immer wieder wie ein Kind begeisterte, waren die Grenzübertritte. Der Nervenkitzel beim Betreten eines fremden Landes, über das man nur wenig weiß, ist schwer zu beschreiben. Diese Unberechenbarkeit in Verbindung mit der Verletzlichkeit eines mit dem Rad Reisenden ergibt einen Mix an Emotionen, den man nur mit einem Wort erfassen kann: Freiheit.

Hast du Antworten auf die Fragen gefunden, die du dir zu Hause vor deinem Aufbruch gestellt hast?

Ich verließ meine Heimat mit einer unglaublichen Neugier auf alles Unbekannte in der Fremde. Was isst eine Familie in der Zentralmongolei zu Abend? Wie sehen die Straßen im Wüstenstaat Turkmenistan aus? Was hört man in der Hauptstadt des Iran bei offenem Fenster? Würde ich den ganzen Weg von Schweden bis nach Neuseeland auf dem Sattel durchhalten? War das alles nur ein verrückter Traum? Bei meiner Radtour durch die Welt bekam ich nicht nur Antworten auf diese Fragen. Ich erkannte, dass meine Lebenszeit nicht ausreichen würde, alles zu erkunden, und dass es noch viel mehr Fragen gab, auf die ich niemals eine Antwort erhalten würde. Aber ich gewann zwei grundlegende Erkenntnisse: zum einen Vertrauen in mich selbst und meine Fähigkeiten, zum anderen den unerschütterlichen Glauben an das Gute im Menschen.

Du bist für Frauen in aller Welt zu einem Vorbild geworden. Welchen Rat hast du für all jene, die sich gern selbst in ein solches Abenteuer stürzen würden, aber um ihre Sicherheit besorgt sind?

Jeder, der ein Abenteuer wagt, hat Ängste. Doch statt sich von ihnen beherrschen zu lassen, sollte man sich ihnen stellen. Das ist leichter gesagt als getan. Ich habe meine Ängste vor der Reise in zwei Kategorien unterteilt: die vor realen Gefahren und die vor solchen, die nur in meinem Kopf existierten.

Ein Beispiel: Ich hatte große Furcht vor bissigen Hunden, weil ich gelesen hatte, dass Radreisende von Rudeln verfolgt worden waren. Ich überwand meine Furcht vor dieser realen Gefahr, indem ich mich intensiv mit Verhaltensempfehlungen für solche Situationen beschäftigte, die sich später als sehr hilfreich erwiesen.

Die Erfahrungen anderer konnten jedoch nicht meine Furcht vor der Dunkelheit mindern. Schon der Gedanke, allein irgendwo in der Finsternis zu kampieren, jagte mir kalte Schauer über den Rücken. Ich musste mich dieser Herausforderung stellen. Nachdem ich Hunderte von Nächten allein im Zelt verbracht habe, will ich nicht leugnen, dass mir dies während der ersten Wochen meiner Tour sehr schwerfiel. Aber meine Ängste nahmen immer mehr ab, bis sie völlig verschwanden.

Also, wem es hilft, seine Furcht durch Recherchen über die Bewältigung von Risiken zu verringern, sollte dies tun. Ansonsten muss man sich eben überwinden. Ich garantiere, dass es mit der Zeit leichter wird.

02

IN BEGLEITUNG
FREUNDE
@260litros

Nacho Pellejero
Venezuela (1989)
Film- & Fotoproduzent

Simón Mendizabal
Spanien (1989)
Film- & Fotoproduzent

Unsere Tour:
von Ushuaia, Argentinien, nach Ecuador (3 Jahre)

UNSERE GESCHICHTE

N: Geboren in Caracas und aufgewachsen in San Sebastian im Baskenland, war ich schon immer erfüllt von der Lust am Reisen und daran, unbekannte Seiten in mir zu entdecken. Aber erst 2017 trieb mich ein Schicksalsschlag dazu, alles hinter mir zu lassen und mit Simón, meinem besten Freund, die Welt auf dem Fahrrad zu erkunden.

Seit meiner Kindheit fuhr ich Rad, hatte aber nie in Erwägung gezogen, damit zu reisen. Das geschah erst, als ich einen radikalen Wechsel in meinem Leben und neue Abenteuer dringend brauchte. Als ich das erste Mal mit Simón von zu Hause aufbrach, planten wir, in sechs Monaten vom Perito-Moreno-Gletscher in Argentinien nach Cusco in Peru zu fahren. Aber wir waren schließlich zwei Jahre unterwegs und beschlossen dann, unsere Reise so weit wie möglich ausdehnen, um sogar bis Alaska zu kommen. Zurzeit sind wir noch in Ecuador, sind uns aber sicher, dass wir es bis Alaska schaffen.

S: Ich wurde in Donostia, dem baskischen Namen für San Sebastian, als Spross einer Familie geboren, die ein Hippie-Gen in sich trägt. Meine Eltern stammen aus sehr reichen Familien, beschlossen aber, mit den gesellschaftlichen Konventionen zu brechen und die Welt auf ihre Weise zu entdecken.

Die ersten 20 Jahre meines Lebens verbrachte ich in San Sebastian. Dort lernte ich mit sieben Jahren Nacho kennen, der gerade erst mit seinen Eltern aus Caracas zugezogen war. Seither verbindet uns eine unzertrennliche Freundschaft.
Da ich mich stets zum Leben in der freien Natur hingezogen fühlte, studierte ich Umweltwissenschaften. Einige Zeit später, nachdem Nachos Vater gestorben war und wir vom Chaos und dem Stress des Stadtlebens die Nase voll hatten, beschlossen wir, endlich unseren Sehnsüchten zu folgen. Kurz darauf brachen wir zu einer Radreise auf, die uns in sechs Monaten von Patagonien nach Peru führen sollte.

Was motiviert euch, mit dem Rad zu reisen?

S: Anfangs reiste ich mit dem Fahrrad, um meine Heimatstadt und meine Komfortzone hinter mir zu lassen und hinaus in die Welt zu kommen. Heute bedeutet mir mein Rad alles. Es ist eines der effizientesten Transportmittel, die es gibt. Auf unkomplizierte Weise bringt es einen zu jedem Punkt der Erde und eröffnet die Möglichkeit, Orte sowie Menschen und deren Lebensumstände überall auf unserem Planeten kennenzulernen.

N: Mit dem Rad zu reisen gibt einem die Freiheit und die Möglichkeit, Landschaften, Kulturen und Menschen ganz unmittelbar zu erleben. Ein Erlebnis, das andere Formen des Reisens oft nicht bieten.

Man lernt einen anderen Menschen erst richtig kennen, wenn man mit ihm eine Radtour macht. Hattet ihr nie die Sorge, dass es unterwegs Spannungen geben und eure Freundschaft Schaden nehmen könnte?

N: Wenn man zum ersten Mal aufbricht, hat man natürlich solche Befürchtungen. Doch wenn man gemeinsam auf dem Rad unterwegs ist, merkt man recht bald, wie sich die Beziehung zueinander entwickelt. Mir war schnell klar, dass unsere Freundschaft sich sogar noch intensivierte. Und nach den drei Jahren sind wir engere Freunde als jemals zuvor. Wir betreiben nun auch gemeinsam eine Firma.

Natürlich ist es großartig, mit seinem besten Freund eine solche Tour zu erleben. Welche unvergesslichen Momente habt ihr bisher unterwegs geteilt?

S: Gewöhnlich erleben wir in den Bergen die besten und lustigsten Situationen. Die Strecken dort verlangen uns viel ab, was nicht selten zu Stürzen und blauen Flecken führt. Nach solchen Strapazen können wir uns dann abends im Zelt oft darüber totlachen.

Manches geht leichter von der Hand, wenn man nicht allein reist. In welchen Situationen wart ihr froh, zu zweit zu sein?

Vor allem, wenn man auf langen Touren in einsamen Regionen unterwegs ist, ist einer der größten Vorteile, dass man die Ausrüstung und damit ihr Gewicht aufteilen kann. Und wenn man einen Platz zum Kampieren gefunden hat, kann der eine das Essen kochen, während der andere das Zelt aufbaut.

Wir teilen den Kochtopf, ein Multitool, das Zelt, Kameraobjektive, die Drohne, den Kocher, die Luftpumpe und das Reparaturset.

Bei einer solchen Tour erlebt man manche Momente, in denen man total am Ende ist und nachts im Zelt muffig riechend nebeneinander liegt. Wie geht ihr mit solchen Situationen um?

N: Wir haben uns angewöhnt, im Zelt gemeinsam zu furzen. Schlimmer kann es da also kaum noch werden. Ansonsten ermutigen wir uns gegenseitig, wenn einer schwächelt. Simón ist mir da mental eine sehr große Stütze.

Anfangs wart ihr mit viel Ausrüstung unterwegs, in Peru wechseltet ihr zum Bikepacking. Was war der Grund, mit leichterem Gepäck weiterzufahren, und welche Möglichkeiten hat euch das eröffnet?

Wir hatten schon lange darüber diskutiert, uns als Bikepacker auf das absolut Notwendige zu beschränken, aber die Möglichkeit dazu ergab sich erst Ende 2018. Wir sind nun leichter unterwegs und können deshalb in jedem Land auch in völlig unbekannte und entlegene Gebiete vorstoßen. Das ist ein großartiges Gefühl. Wir lieben es, nach neuen Routen zu suchen, auf denen noch nie ein Reisender unterwegs war. Das Bikepacking macht die Tour einfach authentischer und abenteuerlicher.

Aber es gibt noch mehr Gründe. Wir müssen jetzt nicht mehr auf asphaltierten Straßen fahren, wo uns Autos gefährden. Und wir können auf unfassbar schönen Trails mitten in der Natur große Städte komplett umgehen.

Saraguro-Frau während der Proteste der indigenen Bevölkerung Ecuadors. ^

Faszinierende Nächte im peruanischen Amazonasgebiet. >

Habt ihr schon vor eurer Reise fotografiert und Videos gedreht oder ergab sich das erst unterwegs? Und habt ihr eure Fähigkeiten unterwegs weiterentwickelt?

Keiner von uns beiden hat sich vor unserem Aufbruch jemals mit Fotografieren oder audiovisuellen Aufnahmen beschäftigt. Aber wenn man mit dem Rad durch die Welt reist, sieht man traumhaft schöne Orte. Deshalb kauften wir uns die Kameras und brachten uns bei, wie man sie benutzt. Anfänglich hatten wir unsere Schwierigkeiten, aber Schritt für Schritt wurden wir mithilfe von Freunden und YouTube besser.

Ursprünglich schossen wir die Fotos nur für unseren Instagram-Account. Doch wir fanden schnell Spaß an der Sache und machten dann auch YouTube-Videos. Jeden Tag lernten wir dazu, aber es dauerte fast zwei Jahre, bis wir in Cafayate, Argentinien, engagiert wurden, um den Cocktail-Kurs eines Barkeepers aufzunehmen. Danach haben sich von Zeit zu Zeit ähnliche Jobs ergeben.

Ihr habt beschlossen, euch für eine Weile in Ecuador niederzulassen und dort eine Firma für Medienproduktion zu gründen. Wie sehen eure weiteren Pläne aus? Wollt ihr bald weiter nach Norden?

Hat man einmal Feuer gefangen, so zu leben – und zu reisen –, fällt es schwer, damit aufzuhören. Natürlich machen wir noch Radtouren, aber von unserer Basis in Ecuador aus. So können wir wunderbare Dokumentationen über gut geplante Routen in entlegenen Regionen drehen.

Welche sind die wichtigsten Einsichten, die ihr in den letzten drei Jahren gewonnen habt?

- Es gibt mehr gute Menschen in der Welt, als man denkt.
- Wir können uns zu unglaublichen Leistungen anspornen.
- Eine wahre Freundschaft kann nichts erschüttern.
- Es gibt für alles eine Lösung.
- Wir alle leben weit jenseits unserer Bedürfnisse.

Bienvenido
a
Chile
REPUBLICA
SANTUARIO
LIQUINE
COMUNA DE

03

IN BEGLEITUNG

FREMDE

@kylehughesphoto

Kyle Hughes
Südafrika (1989)
Bergbauingenieur

Meine Touren:
quer durch die USA – von Washington DC nach Oregon (3 Monate)
von Griechenland nach Italien (3 Monate)
von Chile nach Peru (7 Monate)
von Chile nach Peru offroad (5 Monate)

MEINE GESCHICHTE

Ich hatte das Glück, in mehreren Ländern aufzuwachsen und in meinem Leben verschiedene Kulturen kennenzulernen. Ich wusste schon als Jugendlicher, dass ich niemals in einer Stadt bleiben und dort einen üblichen Acht-Stunden-Job machen würde. Nach neun Jahren harter Auslandsarbeit an entlegenen Orten in Afrika und Südamerika nahm ich mir eine Pause, um mich meinen Hobbys zu widmen: Fotografieren und Streifzüge durch die Natur. Als ich meinen Job in Panama beendet hatte, trampte ich als Backpacker durch Zentralamerika. Mein Spaß daran legte sich aber nach zwei Monaten. Anstatt die Natur zu erkunden, hing ich meist auf Partys herum. Ich spürte, dass ich meine Art des Reisens ändern musste, wusste aber noch nicht wie. Also kehrte ich nach Amsterdam zurück, wo meine Eltern lebten, um ihnen bei einem Umzug zu helfen. In der Zeit dachte ich über zukünftige Abenteuer nach.

Als ich bei Facebook über eine Anzeige stolperte, bei der es um Radtouren ging, war das der zündende Funke. Innerhalb von zwei Tagen kaufte ich ein Rad und ein Flugticket in die USA, um das Land auf zwei Rädern zu durchqueren. Der Rest ist Geschichte. Ich hatte tatsächlich keine Vorstellung davon, worauf ich mich einließ. Aber ich fühlte damals, dass es genau das Richtige für mich war. Es sind die Herausforderungen und Belohnungen, die das Reisen mit dem Rad so interessant machen. Der Begriff Zeit erhält eine ganz neue Bedeutung. Sie vergeht sehr schnell, denn es gibt so viel zu sehen, so viele Kulturen, in die man eintauchen kann, und so viele Menschen, die man kennenlernen möchte. Das Fahrrad erlaubt dir all dies in einem Tempo, das du selbst bestimmst. Weil ich meinen Tag nach keinen üblichen Normen mehr gestaltete, lernte ich den Wert der Lebenszeit, die uns auf unserem Planeten vergönnt ist, viel mehr zu schätzen.

Was motiviert dich, mit dem Rad zu reisen?

Die Freiheit, selbst über die Art und das Tempo des Reisens entscheiden zu können, ohne an irgendwelche Vorgaben gebunden zu sein. Ich bewege mich auf meine Weise durch fremde Landschaften und Kulturen – einzig und allein, weil ich es so will. Und ich nehme mir einfach die Zeit, Orte, die ich mag, nicht nur oberflächlich, sondern intensiv zu erkunden.

Was gefällt dir daran, dich auf verschiedenen Etappen anderen Radreisenden anzuschließen?

Radfahrer haben eine sehr ähnliche Grundeinstellung, was ich mag. Und wenn man die Straße teilt, wirkt die Reise in gewisser Weise »realer«. Bin ich allein unterwegs, fällt es mir im Nachhinein oft schwer, die Gefühle, die außergewöhnliche Momente in mir ausgelöst haben, in Worte zu fassen. In Begleitung anderer Leute teilt man diese Gefühle, wodurch das gemeinsame Erlebnis noch intensiver wird. Dadurch kann ich mich an solche Momente später auch viel besser erinnern.

Mit wie vielen Leuten bist du bisher bei deinen Touren gemeinsam unterwegs gewesen? Und wer davon ist dir besonders im Gedächtnis geblieben?

Ich bräuchte sehr viele Finger, um all die Leute aufzuzählen, mit denen ich unterwegs war. Die zweite Frage ist schwerer zu beantworten, aber unvergesslich geblieben ist mir Uwe, ein deutscher Pfarrer. Ich traf ihn am sechsten Tag meiner USA-Tour. Er ist wirklich ein außergewöhnlicher Charakter: sehr ruhig und mit einer verschrobenen, aber liebenswerten Lebenseinstellung. In der Nacht auf meinen Geburtstag schliefen wir auf dem Boden einer Kirche im Westen Kentuckys. Er weckte mich morgens um Punkt sechs Uhr, indem er mit seinen Boxershorts vor mir stand und auf Deutsch *Happy Birthday* sang. Die ganze Situation war wirklich schräg, ich war völlig überrumpelt. Der Dritte in unserem Bunde musste dann laut loslachen und ich stimmte mit ein.

Wenn ich merke, dass ich mit jemandem nicht klarkomme, halte ich damit nicht hinter dem Berg, sondern sage das dem oder der Betreffenden offen. In solchen Situationen ist es besser, ehrlich zu sein. Aber ich habe so etwas in zwei Jahren nur ein einziges Mal erlebt.

Kommst du mit Einheimischen und anderen Reisenden eher in Kontakt, wenn du allein unterwegs bist?

Ja, denn wenn man allein ist, sieht man sich eher gezwungen, mit anderen Menschen zu reden. Das ist keineswegs schlecht, sondern nur eine andere Art des Reisens. Auch wenn man in einer Gruppe fährt, kommt man mit Einheimischen ins Gespräch, aber viel weniger, weil man sich mehr mit den Weggefährten beschäftigt, zu denen man gerade eine Freundschaft aufbaut.

Nachdem du nun viele andere Radreisende getroffen und mit einigen von ihnen eine Zeit lang gemeinsam unterwegs gewesen bist: Fährst du lieber allein oder in Begleitung?

Für mich ist das keine Frage des Entweder-oder. Ich mag es, dass ich allein fahren kann, wenn ich es will, und ich suche nach Anschluss, wenn mir danach ist. Beide Arten des Reisens unterscheiden sich, sind aber jeweils nicht besser oder schlechter. Müsste ich mich entscheiden, würde ich in Begleitung fahren. Wer trinkt sein Bier schon gern allein?

Beim Schieben des Rades in großer Höhe. ^

Übernachten am Fuße des Ausangate in Peru. >

Fotografieren spielt eine große Rolle bei deinen Reisen. Wie haben die anderen auf deine regelmäßigen Foto-Stopps regiert: mit Verständnis oder Ungeduld?

Unterwegs mache ich viele Fotos, um meine Touren zu dokumentieren. Andere, die mit mir fahren wollen, warne ich immer, dass ich wegen der vielen Stopps langsamer vorankomme. Die Leute haben bisher immer Verständnis gezeigt. Ich finde, jeder sollte sein eigenes Tempo finden. Man kann sich ja auch später zum Mittagessen oder abends zum gemeinsamen Kampieren treffen. Viele, die mich begleitet haben, begrüßten das langsamere Tempo, weil sie so mehr Zeit hatten, die Landschaft zu genießen, anstatt möglichst zügig von A nach B zu kommen. Nach zwei oder drei Tagen fuhren sie dann aber doch schneller weiter, was ich gut nachvollziehen konnte. Ich verzichte manchmal aufs Fotografieren, weil ich aus verschiedenen Gründen mein Tagesziel erreichen will. Vieles hängt etwa von der eigenen Stimmung, dem Wetter oder den Bedingungen unterwegs ab. Unter dem Strich bietet Fotografieren die Möglichkeit, das Reisetempo zu reduzieren und jeden einzelnen Tag ein bisschen bewusster wahrzunehmen.

Als du durch Patagonien gereist bist, hast du dort zeitweise gearbeitet, um die Region besser kennenzulernen. Würdest du das auch anderen empfehlen?

Ich empfehle nachdrücklich, einmal an einem Ort zu bleiben, der einem gefällt, und dort einen Job anzunehmen. War man monatelang unterwegs, ist es ein herrliches Gefühl, im Supermarkt begrüßt zu werden oder die Bar mit dem besten Bier zu finden. Wenn dieses Glücksgefühl irgendwann wieder schwindet, schwingt man sich einfach aufs Rad und fährt weiter.

Welche drei Länder stehen ganz oben auf deiner Bucketlist? Und warum gerade diese Länder?

– Neuseeland: Ich liebe frisches Bergwasser, Angeln, nette Leute und herrliche Landschaften.
– Mexiko: Essen, Essen, Kultur, Essen, Tequila, Kultur, Essen.
– England: Obwohl England mein Geburtsland geprägt hat, weiß ich nichts über die dortige Landschaft. Vielleicht mache ich dort meine nächste Radtour!

WELCOME
TO THE
NORTHERN
TERRITORY
#NTAUSTRALIA

04

IN BEGLEITUNG
KINDER
EIN JAHR FERN VON ZU HAUS
@swagfamilyhughes

Andrew Hughes
Australien (1978)
Lehrer

Nicola Hughes
Australien (1983)
Lehrerin

Wilfrid Hughes
Australien (2015)

Hope Hughes
Australien (2013)

Unsere Tour:
einmal rund um Australien – von Tasmanien nach Tasmanien (1 Jahr)

UNSERE GESCHICHTE

A: Wir lernten uns 2008 in Hobart kennen, als Nic gerade von einer Radtour durch Europa zurückgekehrt war und ich mich aufmachte, mit dem Fahrrad Australien zu umrunden. Sie begleitete mich auf einigen Etappen, und wir merkten bald, dass wir aus demselben Holz geschnitzt sind. Wir sind beide abenteuerlustig und würden auf vieles verzichten, um mit dem Rad oder auf andere Weise die Welt zu erkunden. In den darauffolgenden Jahren heirateten wir, bauten ein Haus und bekamen Kinder. Wir waren uns einig, auch als Familie abenteuerliche Reisen zu unternehmen, sobald die Kinder – was natürlich eine subjektive Entscheidung ist – alt genug sein würden.

Was motiviert euch, mit dem Rad zu reisen?

A: Eigentlich bin ich kein eingefleischter Radfahrer. Manchmal nutze ich mein Rad jahrelang nicht. Doch wenn wir eine Abenteuertour planen, steigt die Vorfreude jeden Tag. Radreisen sind unkompliziert, relativ preiswert und eröffnen den Zugang zu entlegenen Zielen, die es zu entdecken lohnt. Natürlich sind manche Etappen anstrengend, doch am Ende des Tages hat man das wunderbare Gefühl, etwas erfolgreich geleistet zu haben. Und wenn man am Lagerfeuer auf einem Campingplatz mitten in der Natur den Sternenhimmel genießen kann, ist es perfekt.

N: Mit dem Fahrrad reist man gemächlich und nimmt jede Veränderung der Umgebung wahr. Man kann jederzeit anhalten, um sich Dinge genauer anzusehen oder mit jemandem ins Gespräch zu kommen. Und man lernt dabei jede Menge über sich, die anderen, die einen begleiten, und die Orte, die man durchquert. Diese Art zu reisen ist für Körper, Geist und Seele gleichermaßen erholsam. Zugegeben, mit zwei kleinen Kindern unter sechs Jahren vielleicht etwas weniger. Doch es bleibt eine fantastische Erfahrung, bei der herrlich viele Endorphine ausgeschüttet werden!

Wie kam es zu der Idee, ein Jahr lang mit der ganzen Familie unterwegs zu sein? Hattet ihr vorher schon kürzere Radtouren mit den Kindern unternommen?

Wir wollten nicht nur Australien erkunden, sondern auch, wozu wir als Familie imstande waren. Wir beide wussten, dass abenteuerliche Radtouren für uns das Richtige waren, aber auch für uns als Gruppe, als Familie? Wir wollten das unbedingt ausprobieren. Obwohl wir zuvor nie mehr als fünf Kilometer mit den Kindern geradelt waren, verfügten wir über genug Erfahrung, um zu wissen, worauf wir uns einließen.

Haben eure Kinder jemals über Heimweh geklagt und nach Hause gewollt? Wenn ja, wie habt ihr reagiert?

Anfangs litten sie zuweilen unter Heimweh. Wir versicherten ihnen dann, dass wir auf jeden Fall wieder nach Hause zurückkehren würden. Außerdem konnten sie Telefonate und Videocalls mit ihren Freundinnen und Freunden sowie mit Verwandten machen, um mit allen in Kontakt zu bleiben. Sie gewöhnten sich sehr schnell an das Unterwegssein.

Wie habt ihr Hope und Wilfy euren Plan nahegebracht? Reagierten sie aufgeregt? Konnten sie überhaupt das ganze Ausmaß dieses Abenteuers einschätzen?

Als wir uns zu diesem Trip entschlossen, waren Hope und Wilfy erst vier und zwei Jahre alt, sodass sie das alles natürlich noch nicht wirklich verstehen konnten. Wilfy hatte damals ein kleines, rotes Fahrrad mit Stützrädern, und er glaubte lange Zeit, dass er damit Australien umrunden würde. Beide zeigten sich weder besonders begeistert noch ablehnend. Wie alle kleinen Kinder akzeptierten sie einfach, was Mama und Papa für richtig hielten.

Warum wähltet ihr zwei Tandems? War es einfach, sie zu bekommen und der Größe von Kindern anzupassen?

Wir überlegten lange, ob wir Anhänger, Tandemstangen und Kinderräder oder klassische Tandems nehmen sollten. Als ein paar Freunde zum Grillen kamen, die mit ihren Kindern schon jahrelang viele Radtouren unternommen hatten und uns von ihren positiven Erfahrungen mit Tandems berichteten, entschieden wir uns dafür. Die britische Firma Thorn Cycles half uns, die richtige Größe festzulegen. Als die Räder dann in Tasmanien eintrafen, mussten wir sie nur noch ein wenig anpassen. Wilfy brauchte zur Sicherheit eine Rückenlehne und einen Gurt sowie einen speziellen Vorbau, damit er den Lenker halten konnte. Sonst passte alles.

Wie gingt ihr damit um, wenn die Kinder müde waren oder zu nörgeln begannen?

Sie mussten während des Fahrens gut beschäftigt werden. Wir erzählten ihnen viele Geschichten, ließen sie Podcasts hören oder redeten einfach mit ihnen. Am Ende waren wir überrascht, wie viel Strecke wir jeden Tag machten, aber natürlich legten wir mehr kurze Pausen ein als sonst. Beide Kinder hatten kleine Taschen mit Spielzeug und etwas zum Naschen an ihren Lenkern. Außerdem entdeckten sie am Straßenrand und in der Natur immer wieder neue Dinge zum Spielen. Manchmal mussten wir sie auch ein wenig bestechen.

Eine von vielen Reifenpannen, hier durch die Spitze eines Ziegenhorns. ^
Mücken, Bauchweh und Matsch – einige der täglichen Herausforderungen. ⌐

Ihr wart sicherlich manchmal erschöpft und gestresst. Wie seid ihr damit vor den Kindern umgegangen?

Wir sind sehr für Offenheit in der Familie und verbergen es nicht vor unseren Kindern, wenn es Probleme gibt. Waren wir uns in irgendeiner Sache unsicher, ließen wir die Kinder das mitbekommen. Es ist einer der Reize eines Abenteuers, Herausforderungen zu bewältigen. Die Kinder hätten etwas Wichtiges verpasst, wenn sie nicht erlebt hätten, wie wir mit Erschöpfung und Stress fertiggeworden sind.

Wie viel Kilometer seid ihr durchschnittlich pro Tag gefahren? Und habt ihr häufiger fahrradfreie Tage eingelegt?

Wir legten in dem Jahr rund 14 000 Kilometer zurück, im Durchschnitt etwa 50 an den Tagen, an denen wir auf dem Sattel saßen. Die längste Tagesetappe betrug 160, die kürzeste einen Kilometer, als wir an der Gibb River Road eine Werkstatt aufsuchen mussten. In Cairns und Adelaide gönnten wir uns eine einwöchige Pause, ansonsten ging es jeden Tag weiter. Etwa einmal pro Woche pausierten wir, um ein Video-Update zu machen und einen fahrradfreien Tag zu genießen.

Sonnenuntergang über der Nullarbor-Ebene, rund 40 Kilometer vom nächsten Menschen entfernt.

Nur wenige Familien haben Erfahrungen mit einem solchen Trip. Was spricht aus eurer Sicht dafür und dagegen, mit kleinen Kindern eine lange Radtour zu machen?

Die Vorteile überwiegen bei Weitem die Probleme. In unserer entfremdeten Welt ist es wirklich außergewöhnlich, seine Kinder intensiv zu erleben, indem man jeden Tag von morgens bis abends mit ihnen verbringt. Zudem ist es großartig, wenn sie nicht nur durch eigene Erfahrung grundlegende Dinge lernen, sondern mit ihren Eltern auch Freuden und Sorgen teilen. Und wenn man sich als Erwachsener dem langsameren Tempo der Kinder anpasst, erlebt man die Reise entschleunigt. Als Familie wird man von anderen Reisenden auch meist mit mehr Rücksicht und Interesse behandelt. Kinder öffnen einfach Türen. Allerdings zeigte sich vorhersehbar das Problem, dass unsere Kinder gern mit Gleichaltrigen spielen wollten. Auch wenn wir unser Bestes taten, war dies nicht immer möglich. Bei kleinen Kindern muss man diesen sozialen Aspekt jedoch besonders berücksichtigen.

Welche Empfehlungen habt ihr für Familien, die einen ähnlichen Trip machen wollen wie ihr, aber nicht recht wissen, wo sie bei der Planung beginnen sollen?

Unser Rat ist, dass man sich nicht zu viele Gedanken über eine perfekte Vorbereitung machen sollte. Wenn man mit Kindern unterwegs ist, kann man nicht alles vorausplanen. Anfangs stellten wir fest, dass wir oft doppelt so viel Zeit brauchten, um auch nur die Hälfte der vorgesehenen Strecke zu schaffen. Man sollte flexibel sein, seine Erwartungen herunterschrauben und sich darauf einstellen, dass man auch mal einen unvorhergesehenen Zwischenstopp einlegen muss, um ein hungriges Kind zu versorgen.

05

IN BEGLEITUNG

GESCHWISTER

@heybrotrip

Kevin Taurin
Frankreich (1990)
Videograf

Guillaume Taurin
Frankreich (1988)
Projektmanager

Unsere Tour:
von Frankreich durch den Senegal nach Peru (2 Jahre)

UNSERE GESCHICHTE

Wir sind beide in Paris aufgewachsen und waren von frühester Jugend an auf Fahrrädern unterwegs – vor allem, weil sie technisch unkompliziert, umweltfreundlich und schnell sind. Für uns war Radfahren immer die natürlichste Form des Reisens. In den Schulferien unternahmen wir erstmals kürzere Touren. Innerhalb von Europa machten wir dann später den Jakobsweg (2011), die Seen-Route in der Schweiz (2013) und einen Abschnitt des EuroVelo 6 entlang der Donau von Deutschland bis Budapest (2015).

Seit unserer Pfadfinderzeit haben wir es geliebt, uns ins Unbekannte zu stürzen und herauszufinden, wie wir Herausforderungen am besten meistern können. Unsere gemeinsame Lust am Abenteuer sowie unsere Liebe zur Natur und zur Fotografie sind von der Art, wie wir reisen, einfach nicht zu trennen. Schließlich beschlossen wir, unsere Komfortzone endgültig zu verlassen und eine Idee zu verwirklichen, die uns anfangs verrückt erschien: mit unseren Rädern auf Weltreise zu gehen!

Was motiviert euch, mit dem Rad zu reisen?

Von Kindesbeinen an waren wir in unserer Freizeit auf Fahrrädern unterwegs und machten auf ihnen auch einige Ausflüge in die Berge. Räder sind nicht besonders teuer und leicht zu handhaben. Sie zu benutzen bot sich an. Außerdem braucht man kein Benzin, sondern nur die eigene Muskelkraft. Und Radfahren erfordert kein spezielles Training.

Bei einem Essen im Kreis der Familie hörten wir vom Jakobsweg, einer Pilgerroute nach Santiago de Compostela im Nordwesten Spaniens. Das weckte unsere Neugier. Wir stellten ein paar Recherchen an und beschlossen, uns in den nächsten Sommerferien auf den Weg zu machen. Aber nicht zu Fuß, sondern mit dem Rad, um die ganze Route in einem Rutsch absolvieren zu können. Jeder auf seinem Rad, einem Lapierre Tecnic ATV, starteten wir dann zu unserem ersten gemeinsamen Fahrradabenteuer.

Wie nahm die Idee Gestalt an, als Brüderpaar mit dem Rad eine Weltreise zu machen?

Seit jeher spukte in unseren Köpfen herum, zusammen etwas Besonderes zu unternehmen. Wir hatten versucht, unsere eigene Firma zu gründen, und bereits einige gemeinsame Projekte realisiert. Irgendwann hatten wir den Einfall, mit den Rädern eine echte Herausforderung zu meistern. Nach Online-Recherchen kamen wir zu dem Ergebnis, dass eine Radreise um die Welt zwar viel Organisation erforderte, aber durchaus möglich war. Die Entscheidung war gefallen.

Was sind die drei positivsten Dinge, die ihr über euch auf eurer Reise erfahren habt?

Unsere Brüderlichkeit, unsere innere Verbundenheit und unser Wille!

Pause vor der Hassan-II.-Moschee in Casablanca, Marokko. <

Selfie mit einem Einheimischen, hier in Marokko. v

Auf dem Boot unseres Kapitäns Guillaume, auf halber Strecke der Überfahrt.

Als ihr auf euren Rädern den Senegal erreicht hattet, wolltet ihr auf einem Segelboot nach Südamerika übersetzen. Wie habt ihr eins gefunden? Und wie war die Überfahrt?

Es gibt viele Websites, auf denen Bootseigner eine Crew für lange Törns suchen. Einige Kapitäne verlangen Geld, andere sind froh, wenn man ihnen auf dem Boot zur Hand geht und sich an den notwendigen Ausgaben beteiligt. Am einfachsten ist es, sich direkt im Hafen umzuhören. Wichtig ist vor allem, dass man den Kapitän für vertrauenswürdig hält und alles Nötige klärt, bevor man an Bord geht.

Unser Törn von Dakar im Senegal nach Recife in Brasilien dauerte 15 Tage. Anfangs litten wir unter Seekrankheit, aber abgelenkt durch die tägliche Routine und die Gewöhnung ging es uns bald besser. Die Überfahrt führte uns eindrücklich vor Augen, wie winzig wir Menschen auf einem endlosen, von Naturgewalten beherrschten Ozean sind.

Welche Fragen wurden euch bei Begegnungen unterwegs am häufigsten gestellt?

Woher kommt ihr? Was ist euer Ziel? Wie oft wurden wir das jeden Tag gefragt! Aber damit war schließlich zu rechnen. Die ebenfalls immer wiederkehrende Frage, wie viel unsere Räder gekostet hatten, war viel schwieriger zu beantworten, denn die Lebensstandards der Menschen, denen wir begegneten, waren sehr unterschiedlich. Schließlich fanden wir die perfekte Lösung, indem wir sagten, die Räder seien uns geschenkt worden. So konnten wir vermeiden, über Geld zu reden.

In den Anden findet man nicht jeden Tag Lebensmittelläden. Was war die längste Etappe, die ihr mit Vorräten bestreiten musstet? Und wie habt ihr das gemacht?

Bei unserer Ankunft im chilenischen Naturreservat Las Vicuñas wussten wir, dass wir uns für mehrere Tage mit Lebensmitteln eindecken mussten. Wir besorgten uns Vorräte für eine Woche, um in dem wunderschönen Park eine 220 Kilometer lange Strecke zu fahren. Die Route war schwierig, und wir mussten die Räder oft durch sandige Abschnitte schieben. Trinkwasser filterten wir uns an Flüssen. Außerdem trafen wir Leute, die uns welches gaben. Diese Situation war schon etwas Besonderes für uns, denn wir mussten mit unseren Vorräten gut haushalten. Die Einsamkeit war überwältigend, und wir kamen immer wieder in verlassene Dörfer. Nach einer Woche erreichten wir Sajama in Bolivien, wo wir eine Pause einlegten und uns ein gutes Essen gönnten.

Frankreich ist bekannt für seine gute Küche. Welche kulinarischen Eindrücke habt ihr unterwegs gesammelt?

Es stimmt, Frankreichs Küche hat wirklich viel zu bieten. Doch wir beide essen auch gern schlichtes Brot, wenn es gut gemacht ist. Aber außerhalb Frankreichs ist es schwer, an ein leckeres Baguette zu kommen. In Südamerika ist das *pan francés* noch am ehesten vergleichbar. Auf guten Camembert und Wein mussten wir natürlich auch verzichten. Aber wir lernten viele landestypische Köstlichkeiten kennen: in Marokko *tajine*, in Mauretanien *bissap*, in Uruguay *dulce de leche* oder *asado* in Argentinien. Jede Region der Welt hat ihre eigenen Spezialitäten, und sie schmecken am besten, wenn sie vor Ort mit frischen Zutaten zubereitet werden.

Mit Maïwenn bei einer Familie in Caranavi, Bolivien. >

Kevin, deine Freundin Maïwenn schloss sich euch in Argentinien an. Was änderte sich, als du eine Zeit lang mit ihr und nicht mehr mit deinem Bruder unterwegs warst?

Als Maïwenn in Argentinien eintraf, waren wir für zwei Monate eine Fünfergruppe, da noch zwei weitere Freunde dabei waren. Dann beschlossen wir, uns für eine Weile zu trennen. Das war ein bedeutender Einschnitt für mich, da ich so lange mit meinem Bruder gereist war.

Mit Maïwenn kam mir alles ein wenig einfacher und weniger stressig vor. Wir unterhielten uns auch über ganz andere Dinge. Die Leute, denen wir begegneten, betrachteten uns einfach als reisendes Paar, während mein Bruder und ich immer als Extremabenteurer angesehen worden waren. Dabei taten wir nichts anderes als Guillaume und ich zuvor.

Natürlich ist es etwas anderes, wenn man mit seiner Partnerin oder seinem Partner ein Abenteuer unternimmt, als wenn man das mit einem Familienmitglied macht. Für mich war es interessant und lehrreich, die Unterschiede gerade bei einer Radreise zu erleben.

Würdet ihr anderen empfehlen, mit dem Bruder oder der Schwester eine Radtour zu unternehmen, egal wo oder wie lang sie dauert?

Ob zu Fuß oder mit dem Rad, eine solche Tour legen wir jedem wärmstens ans Herz. Mit Brüdern, Schwestern, anderen Mitreisenden oder auch ganz allein. Einfach wegen der Erfahrung, eine Landschaft mit allen Sinnen zu genießen, mit Fremden ins Gespräch zu kommen, überlaufene touristische Pfade zu verlassen und nur der eigenen Nase zu folgen. Ein solcher Trip ist eine große Herausforderung und eine unvergleichliche Chance, die Wunder der Natur hautnah zu erleben.

Die Covid-19-Pandemie zwang euch, nach der Hälfte eurer Weltreise nach Frankreich zurückzukehren. Werdet ihr euch wieder auf den Weg machen, sobald das möglich ist?

Die Pandemie zeigt, wie gefährdet die Menschheit ist. Dennoch hoffen wir, die Freiheit wiederzuerlangen, die wir auf unserer Tour genossen haben, um unser großes Abenteuer beenden zu können.

PIVS IX PONT

06

MIT TIEREN

EIN HUND

@bikecanine

Pablo Calvo
Spanien (1983)
Autor, Fotograf, Videograf

Hippie
Spanien (2010)

Unsere Touren:
Südeuropas Küsten und Marokko (4 Monate)
Nordkap-Expedition – von Spanien zum Nordkap (9 Monate)
Tour nach Osten – von Spanien auf den Balkan (14 Monate)
rund um Spanien (15 Monate)
als Nomaden in den Orient – von Spanien nach Georgien (12 Monate)

UNSERE GESCHICHTE

Wenn ich an meine Jugend in Asturien, Spanien, zurückdenke, brauchte ich nie viel für meine Abenteuer: nur ein Fahrrad, einen Rucksack und meinen Hund. Inzwischen sind 25 Jahre vergangen. Ich habe in der Zeit vieles ausprobiert und eine ganze Reihe von Jobs gehabt, unter anderem als Feuerwehrmann. Aber unter dem Strich bin ich nach wie vor am glücklichsten, wenn ich wie ein Kind ehrfurchtsvoll die Wunder der Welt bestaune.

Meine erste Radtour machte ich 2010 – und wurde schnell süchtig. Ich wollte immer mehr Kilometer zurücklegen, mehr Tage unterwegs sein und mehr Länder kennenlernen. 2015 beschloss ich, mein geregeltes Leben aufzugeben und mich ohne große Vorbereitung in ein Abenteuer zu stürzen. Seither bereise ich die Welt mit meinem Hund, erfreue mich an jedem neuen Tag und berichte darüber im Rahmen meines Projektes Bikecanine.

Was motiviert dich, mit dem Rad zu reisen?

Die Frage ist für mich schwer zu beantworten, weil ich keine Motivation brauche, um Dinge zu tun, die mir ohnehin den meisten Spaß machen. Das Problem ist nur, dass man nicht immer die nötige Zeit dazu hat.

Auf einer Radtour bin ich glücklich. Ich genieße die Natur und die sportliche Herausforderung, lasse mich von unglaublichen Landschaften überraschen und stille meine Neugier an fremden Kulturen. Es ist ein großes Geschenk, dass all meine Sinne die ganze Zeit stimuliert werden. Und man lässt alles, was überflüssig ist, hinter sich und kehrt zurück zu den grundlegenden Dingen des Lebens: der Suche nach etwas Essbarem, nach Wasser und nach einem Ort zum Übernachten.

Hast du jemals eine längere Tour ohne vierbeinigen Gefährten gemacht? Und inwiefern hat Hippie deinen Reiserhythmus beeinflusst?

Ich bin noch nie ohne Hund gereist. Ich kann und will mir auch gar nicht vorstellen, anders unterwegs zu sein, weil es eine großartige Erfahrung ist. Abgesehen von einigen Herausforderungen beim Transport und der Unterbringung gibt es nur Vorteile. Und wenn ein Hund wie Hippie gelernt hat, während der Fahrt auf das Rad und vom Rad herunterzuspringen, verliert man nicht einmal seinen Tretrhythmus.

Würdest du sagen, dass Hippie dir geholfen hat, mit Fremden und Einheimischen in Kontakt zu kommen?

Auf jeden Fall. Das ganze Bikecanine-Projekt kam in Gang, weil man nicht jeden Tag einen Hund als Mitfahrer auf einem Rad sieht. So etwas erregt Aufmerksamkeit. Die meisten reagieren mit Neugier und einem Lächeln. Fast jeder mag Hunde und Fahrräder. Als Kombination sind beide unschlagbar, um unterwegs mit anderen ins Gespräch zu kommen.

Wo schläft Hippie?

Immer in meiner Nähe. Sie hat ihr eigenes Lager direkt neben meinem. Ich schlafe gern unter freiem Himmel, aber wenn es regnet, kalt ist oder zu viele Mücken herumschwirren, baue ich das Zelt auf und teile es mit Hippie. Und wenn ich mir unterwegs ein Zimmer miete, dann nur unter der Bedingung, dass sie mit hinein darf.

Abends nach einem anstrengenden Tag auszuruhen gehört zu den schönen Momenten unserer Touren.

Ist es schwierig, mit einem Hund eine Grenze zu passieren? Muss man vorher oder vor Ort Formulare ausfüllen oder Gebühren bezahlen? Haben dir Länder wegen des Hundes die Einreise verweigert?

Um mit seinem Hund einzureisen, braucht man alle erforderlichen Dokumente und Impfbescheinigungen. So lauten die Vorschriften, aber die Realität sieht so aus, dass die Grenzbeamten häufig gar nicht wissen, worauf sie in den Papieren achten müssen, die ich ihnen vorlege.

Ich hatte noch nie Probleme an einer Grenze, weil ich mich immer vorher über die Einreiseformalitäten informiert habe. Es gibt zwar einige Länder, wie Island oder China, in denen der Hund in Quarantäne muss, aber in den meisten Fällen ist der Grenzübertritt unproblematisch.

Wie viel Hundefutter hast du für Hippie dabei? Und wie viel Wasser?

Da ich versuche, Hippie immer dasselbe gewohnte Futter zu geben, kaufe ich meistens einen Beutel mit zwei bis drei Kilogramm Inhalt. Das reicht für sieben bis zehn Tage. Ich lege ihr immer den ganzen Beutel hin, denn sie weiß selbst, wie viel sie braucht. Da Hippie unterwegs sehr viel Bewegung hat, will ich ihr Futter nicht rationieren.

Was das Wasser angeht, habe ich für mich selbst mehr als drei Liter dabei, wenn wir nachts irgendwo kampieren, für Hippie dann weitere anderthalb bis zwei Liter.

Läuft Hippie unterwegs neben dir her oder sitzt sie meist hinter dir auf dem Rad? Warum hast du für sie einen Korb auf dem Gepäckträger und nicht einen Anhänger?

Hippie hat eine Menge Energie. Wenn die Temperaturen, der Verkehr, das Terrain und das Tempo es erlauben, läuft sie neben mir her. Sonst sitzt sie hinter mir im Korb.

Anfangs habe ich zwei Anhänger ausprobiert, aber sie waren groß, schwer und unhandlich. Ein Korb auf dem Gepäckträger wiegt nicht viel, und ich merke kaum, wenn Hippie drinsitzt. Wenn man einen Hund mitnimmt, der gut trainiert ist und weniger als 25 Kilogramm wiegt, ist das die beste Transportmethode.

Was rätst du Leuten, die es für zu kompliziert halten, ihre Tiere mit auf Reisen zu nehmen?

Ein Haustier zu besitzen und mit ihm zu reisen verlangt viel Verantwortung, und man muss bereit sein, Opfer zu bringen. Nur dann und wenn man sein Tier wirklich liebt, sollte man es mit auf eine Tour nehmen.

Touren mit Tieren ziehen viele Konsequenzen nach sich. Es kostet zusätzliche Mühen und schränkt die eigene Freiheit ein, denn manchmal muss man Dinge tun, die man allein nicht tun würde. Dessen muss man sich bewusst sein, bevor man gemeinsam aufbricht. Man darf nicht egoistisch sein, sondern muss bei jeder Entscheidung das Wohl seines felligen Gefährten voranstellen, weil dieser zu 100 Prozent von dir abhängig ist. Wenn man trotz all dem dazu entschlossen ist, seinen Hund, seine Katze oder ein anderes Tier mitzunehmen, erhält man sehr viel mehr zurück, als man opfert.

Wie bist du an Hippie gekommen?

Ich holte Hippie 2010 aus einem Tierheim. Sie war ein Jahr alt und hatte sechs Monate in einem Käfig verbracht, da sie wegen ihres Bewegungsdrangs schwer zu handhaben war. Niemand hatte sich um sie gekümmert, und man riet mir, einen anderen Hund zu wählen, weil sie unberechenbar wäre. Da Hippie zudem keine Schönheit ist, hätte sie ihr ganzes Leben wohl hinter Gittern verbringen müssen. Da ich nach einer Hündin suchte, die kraftvoll und lebendig war, wusste ich sofort, dass sie perfekt zu mir und meinem Lebensstil passen würde. Also nahm ich sie mit.

Seither haben mich viele Leute nach Hippies Rasse gefragt, weil sie einen Hund wie sie wollten, und man hat mir auch Geld für sie geboten. Hippie ist eine Promenadenmischung. Erst wollte sie niemand, jetzt ist sie ein Superstar. Bei dieser Gelegenheit möchte ich nicht versäumen, dafür zu werben, Tiere aus Heimen zu adoptieren.

Kannst du dir vorstellen, dein Leben lang auf Tour zu sein?

Nein. Ich liebe dieses Leben zwar, aber ich denke, dass ich eines Tages davon genug haben werde. Es ist wie mit Schokoladenkuchen. Stell dir vor, du könntest ihn jeden Tag deines Lebens essen, dann verliert das Ganze schnell seinen Reiz.

Und natürlich bietet ein normales Leben Dinge, die ich vermisse: etwa mehr Zeit mit alten Freunden zu verbringen und an einem Ort verwurzelt zu sein. Ich glaube nicht, dass ich mein ganzes Leben auf der Straße unterwegs sein werde. Natürlich will ich auch weiterhin reisen, aber von einem Ort aus, an den ich zurückkehren kann und an dem ich zu Hause bin.

Wir sind ein Team, in dem Hippie mit speziellen Taschen ihren Teil trägt. ∨

SCHWINN

07

MIT TIEREN

EINE KATZE

@pedalingpair

Douglass Healey
USA (1988)
Technical Support Engineer

Border
USA (2017)

Genevieve Healey
USA (1990)
Redakteurin

Unsere Touren:
von San Luis Obispo, Kalifornien, nach Orlando, Florida (4 Monate)
von Portugal nach Schottland (6 Monate)
von Ungarn nach Deutschland (1 Monat)

UNSERE GESCHICHTE

G: Alles begann damit, dass wir nach Dougs Universitätsabschluss eine große Reise machen wollten, und zwar mit dem Rad, nicht zuletzt, weil das günstig ist. Doug war immer schon ein begeisterter Radfahrer und hatte stets davon geträumt, die USA zu durchqueren. Ich hatte mein Rad jedoch bisher nur auf dem Weg zur Arbeit benutzt. Aber wir beide liebten es zu reisen und hofften auf ein schönes Abenteuer.

Zuerst hatten wir vor, die USA zu umrunden, planten dann aber, der von der Adventure Cycling Association vorgeschlagenen Southern Tier Route zu folgen. Von Florida aus sollte es nach Europa gehen, wo wir in Portugal starten, dann durch Großbritannien und schließlich die Donau entlang radeln wollten. Unser erstes und einziges Training war ein eintägiger Ausflug in die Umgebung unserer Heimatstadt. Nur wenige Wochen später brachen wir von San Luis Obispo in Kalifornien auf und fuhren bis San Diego, bevor wie Kurs Richtung Osten nahmen. Alles veränderte sich, als wir New Mexico erreichten und dort ein kleines Kätzchen unseren Weg kreuzte. Wir adoptierten es vom Fleck weg und nahmen es auf unseren Rädern mit nach Orlando in Florida. Von dort flogen wir nach Lissabon, radelten erst nach Süden, dann durch Spanien, Frankreich, England und Schottland. Der letzte Teil unserer Route führte von Budapest nach Ulm. Die ganze Strecke absolvierten wir in Begleitung von Border, unserem Kater.

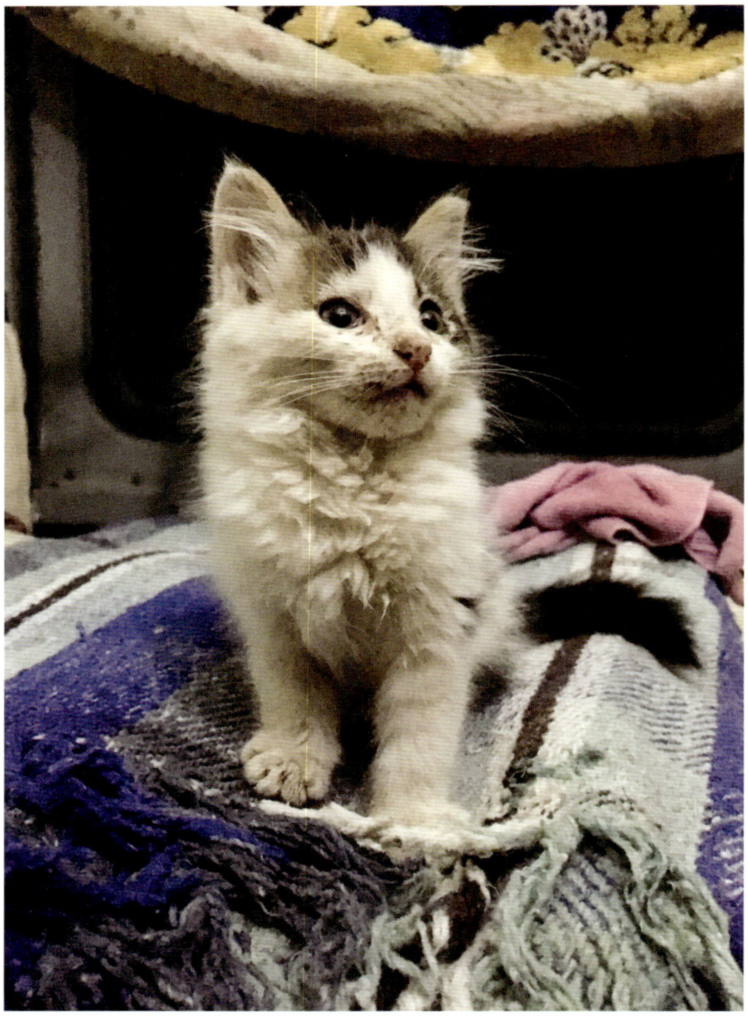

Was motiviert euch, mit dem Rad zu reisen?

Uns macht Radfahren einfach viel Spaß! Wir lieben es, langsam unterwegs zu sein, weil man dabei all das mitbekommt, was einem bei anderen Verkehrsmitteln entgeht. Zudem belasten wir die Umwelt praktisch nicht.

Nur einen Monat nach Beginn eurer Tour fandet ihr ein ausgesetztes Kätzchen. Wie war eure erste Reaktion?

Wir fanden Border auf einem Parkplatz an der Grenze zu New Mexico. Ursprünglich hatten wir vor, ihn am nächsten Tag in einem Tierheim abzugeben. Unser Gastgeber von Warmshowers, einem gemeinnützigen Netzwerk für Radfahrer, gab uns eine Transportbox, die wir provisorisch auf Genevieves Rad schnallten, um Border darin mit nach El Paso in Texas zu nehmen. Unterwegs riefen wir in zwei Tierheimen an, die aber beide nach dem Hurricane Harvey überfüllt waren. Man schlug uns vor, ihn einschläfern zu lassen, was wir auf keinen Fall wollten.

Wir kampierten in El Paso und überlegten fieberhaft, was mir machen sollten: mit dem Kätzchen nach Hause zurückkehren oder es an Ort und Stelle seinem Schicksal überlassen? Wir sorgten dann erst einmal dafür, dass er vom Tierarzt untersucht und geimpft wurde. Schließlich entschieden wir, mit dem Kleinen weiter nach Florida zu fahren. Sollte das klappen, wollten wir unsere Europatour wie geplant in Angriff nehmen, allerdings mit Katze. Wieder half uns ein Warmshowers-Mitglied und brachte an Genevieves Rad eine Halterung für Borders Transportbox an. Genevieve liebte immer schon Katzen. Anders als wir waren unsere Familien und Freunde deshalb nicht besonders überrascht, dass wir auf Border gestoßen waren.

Würdet ihr sagen, dass man jede Katze, wenn sie jung genug ist, an Radreisen gewöhnen kann?

Ja, vermutlich schon. Junge Katzen haben noch kein Revier abgesteckt, was das Reisen auf jeden Fall erleichtert. Außerdem sind sie neugierig und spielen gern, wodurch man sie unterwegs gut beschäftigen kann. Natürlich kommt es aber sehr auf das Wesen des Tieres und die eigene Kompromissbereitschaft an. Mittlerweile haben wir zu Hause eine weitere Katze aufgenommen, die sich aber nicht für Radtouren eignen würde, weil sie weniger entspannt als Border ist und es hasst, eingesperrt zu sein.

Hat sich Border leicht an das Leben auf der Straße gewöhnt? Was habt ihr benötigt, um ihn sicher und bequem zu transportieren?

Er machte sich von Beginn an großartig, vermutlich auch deshalb, weil er erst fünf Wochen alt war, als wir ihn fanden, und noch kein anderes Leben gewohnt war. Recht bald passte er sich an unseren Rhythmus an, wenn wir unterwegs Zwischenstopps einlegten, und nahm auch zeitgleich mit uns seine Mahlzeiten ein.

In den ersten Wochen transportierten wir Border in einer Box, aus der er aber bald herauswuchs. Ein einrädriger Anhänger oder ein größerer Käfig für den Gepäckträger erschienen uns zu unkomfortabel und zu unsicher. Am Ende entschieden wir uns für einen zweirädrigen Anhänger, der ihm genügend Platz bot. Außerdem besorgten wir ein Katzengeschirr mit Leine, ein kleines Katzenklo, Futter, Spielzeug, ein Kissen und eine Decke.

Wie lange dauerte es, die notwendigen Dokumente zu beschaffen, damit ihr mit Border auch durch verschiedene Länder Europas reisen konntet? War es einfach, darüber Informationen zu erhalten?

Die Papiere zu besorgen erforderte nicht viel Zeit. Wir verbrachten aber Stunden damit, die Websites der US- und EU-Behörden zu studieren, um nichts zu übersehen.

Erschwert wurde das Ganze dadurch, dass Border so jung und wir bereits unterwegs waren. An nur einem Tag erhielt er seinen Mikrochip und seine Tollwutimpfung. Beides musste mindestens 21 Tage vor unserer Abreise nach Portugal erfolgen. Zudem brauchten wir für Border innerhalb von zehn Tagen vor unserem Abflug von einem zertifizierten Veterinär ein EU-Gesundheitszeugnis, das aber erst noch zur Bestätigung zu einer US-Behörde und von dort wieder zurückgeschickt werden musste. All das erforderte eine sehr gute Reiseplanung.

Border am ersten Abend, als wir ihn in New Mexico fanden. <

Douglass mit unseren Rädern vor der Walhalla an den Ufern der Donau nahe Regensburg. v

Welche Kompromisse musstet ihr eingehen, damit Border euch auf der gesamten Tour begleiten konnte, ohne unter den Reisebedingungen leiden zu müssen?

Border dabeizuhaben erforderte natürlich einige Kompromisse. Wir ließen ihn zum Beispiel niemals allein im Zelt zurück, wenn wir ein Museum besichtigen wollten. Um darauf nicht verzichten zu müssen, wohnten wir in Städten oft in Hotels, wo er sicher war. Außerdem wählten wir vor allem Warmshowers-Unterkünfte und Hostels, in denen wir ein eigenes Zimmer hatten, in dem wir auch Borders Futterschale und das Katzenklo aufstellen konnten. Wild zu zelten erschien uns mit dem Anhänger schwierig, deshalb fuhren wir meist auf Campingplätze.

Machte es einen Unterschied, die USA oder Europa mit dem Rad zu bereisen? Wenn ja, in welcher Hinsicht?

Oh ja, es gab große Unterschiede. Europa ist viel besser auf Radfahrer eingestellt. Es gibt dort nicht nur viel mehr Radwege, die zum Beispiel in Großbritannien und Frankreich oft landschaftlich sehr idyllisch an Kanälen entlangführen, sondern auch ausgeschilderte Radfernwege. In den USA teilt man sich die Straße meist mit Autos, die oft schnell fahren, sodass man sich auf dem Rad nicht sehr sicher fühlt.

Allerdings gab es in Europa auch einige Radwege, die in keinem guten Zustand waren, sondern aus einspurigen und unbefestigten Pisten bestanden, die man mit Anhänger kaum oder gar nicht befahren konnte. In Großbritannien orientierten wir uns an der Website sustrans.org, deren Informationen leider oft ungenau blieben. In den USA waren die ausgewiesenen Radwege hingegen meist asphaltiert und gut in Schuss.

Wie habt ihr euch auf die Möglichkeit eingestellt, mit Border in Europa zum Tierarzt zu müssen? Gibt es so etwas wie eine Reisekrankenversicherung für Tiere?

Wir wissen ehrlich gesagt nicht genau, ob es eine solche Versicherung gibt. Wir waren aber darauf eingestellt, im Falle des Falles die notwendigen Arztkosten für Borders Behandlung zu bezahlen. In Schottland zeigte er eine allergische Reaktion, deshalb mussten wir eine Tierklinik aufsuchen. Dort verschrieb man ihm ein spezielles Katzenfutter, das aber nicht überall leicht zu bekommen war. Und in Deutschland verschluckte Border ein Stück Metall, das ihm in einer Notoperation entfernt wurde.

In welchen Ländern ist es eurer Erfahrung nach am schwersten beziehungsweise am leichtesten, mit einer Katze einzureisen?

Sobald man sich innerhalb der EU aufhält, ist es leicht, durch Europa zu touren. Schwierig war die Einreise nach Großbritannien, weil es dort viele Auflagen für das Mitführen von Haustieren gibt. Zusätzlich erschwert wurde das Ganze, weil wir kein Auto hatten. Wir mussten sogar ein Taxi nehmen, um durch den Tunnel von Frankreich nach England zu reisen.

Welche Tipps habt ihr für Leute, die ihre ausgewachsene Katze mit auf eine Radtour nehmen wollen?

Ihr müsst eure Katze vorher an den Anhänger gewöhnen, in dem ihr sie transportieren wollt. Lasst sie daran schnuppern und darin schlafen. Wichtig ist auch, dass ihr ein gutes Verhältnis zu eurem Tier habt. Beginnt erst mit einer kurzen Tour, bevor ihr dann eine Übernachtung ausprobiert. Und übt mit eurer Katze Methoden ein, wie ihr sie in Stresssituationen ablenken könnt. Dazu ist viel Geduld erforderlich, denn eine solche Gewöhnung kann Monate oder sogar Jahre dauern.

SCHWINN

08

MIT TIEREN

EIN KANINCHEN

@francis_bike_on

François Loncke
Belgien (1991)
Dolmetscher

Gizela
Mosambik (2019)

Meine Tour:
von Australien durch Afrika nach Belgien (3 Jahre)

UNSERE GESCHICHTE

Der Funke, der ohne Vorwarnung in mir die Leidenschaft für Radtouren entzündete, entsprang einem Gespräch im März 2015, als ich abends einen Freund zu einem Treffen mit einem fahrradverrückten Langstreckenradler begleitete. Von da an wollte ich diesem Typ nacheifern. Einige Wochen später machte ich mich auf, um meine Heimat auf einem alten, rostigen Drahtesel zu erkunden. Es war schrecklich, ich fühlte mich wie ein Sterbender. Die ganze Tour über dachte ich nur verzweifelt: »Das schaffst du nie!«

Doch schon bald danach meldete sich das Verlangen nach einem Radabenteuer erneut, diesmal noch intensiver. Die Erinnerungen an die Leiden verdrängt durch das Freiheitsgefühl, das ich gespürt hatte. Ich konnte immer noch keinen Reifen flicken, aber ich wollte unbedingt wieder losfahren. Mein Examen als Dolmetscher hatte ich soeben bestanden und nahm einen Job an, um Geld zurückzulegen. Zwei Jahre später flog ich nach Australien und machte mich von dort zurück auf den Weg nach Belgien. Bis ich in Afrika hängenblieb.

Was motiviert dich, mit dem Rad zu reisen?

Ich wollte mir einen Traum erfüllen, das war für mich Grund genug. Außerdem bin ich der Meinung, dass es für ein authentisches Reiseerlebnis erforderlich ist, sich selbst bis zu einem gewissen Grad auch in seiner Verwundbarkeit zu präsentieren. Genau das tue ich, wenn ich auf dem Rad unterwegs bin und mich für spontane Begegnungen und Erfahrungen aller Art offen zeige. Es kostet mich auch keinerlei Mühe, mit den Einheimischen und deren Kultur in Kontakt zu kommen, weil sich das auf dem Rad von ganz allein ergibt. Diese Art des Reisens weckt bei den meisten Menschen, denen man begegnet, Sympathie und Interesse. Und schließlich erfüllt es einen selbst auch mit Genugtuung, wenn der Blick auf die Karte zeigt, wie weit man mithilfe der eigenen Muskelkraft gekommen ist.

Als du in Australien gestartet bist, wolltest du ursprünglich nach Belgien zurückfahren. Doch als du dich Europa nähertest, änderten sich deine Pläne. Was war der Grund und warum bliebst du gerade in Afrika hängen?

Auf der Tour hatte ich die beste Zeit meines Lebens. Warum sollte ich ihr nach nur einem Jahr ein Ende setzen? Außerdem spürte ich das Verlangen nach weiteren Herausforderungen und war neugierig auf den Oman. Ich fürchtete allerdings, danach nicht weiterzukommen, denn im benachbarten Jemen herrschte Krieg, Saudi-Arabien ließ kaum jemanden über die Grenze und im Golf von Aden lauerten Piraten. Doch zu meiner großen Überraschung erhielt ich ein Visum für Saudi-Arabien, ließ meine Oman-Pläne fallen und beschloss, die Möglichkeiten zu nutzen, die sich mir nun boten. Als ich in Saudi-Arabien auf viele Afrikaner traf, ergab sich das Weitere von selbst: Saudi-Arabien war das Tor zu Afrika. In Dschidda ging ich an Bord einer Nachtfähre voller heimkehrender Pilger aus Mekka und betrat am nächsten Morgen den Sudan.

Lange Zeit hattest du ein Saxofon dabei. In Mosambik hast du es jedoch durch einen neuen Reisegefährten ersetzt. Wie trat das Kaninchen Gizela in dein Leben?

Alles begann mit einem Akt purer Hilfsbereitschaft. Im Süden Mosambiks geriet ich abends in einen Sturm. Ich war durchnässt, fror und hatte keinen Platz zum Schlafen. Aus dem Nichts tauchte plötzlich ein Mann auf, der offensichtlich taub war und mir durch Zeichen signalisierte, ihm zu seinem Haus zu folgen. Seine Familie nahm mich überaus herzlich auf. Ich bekam etwas Heißes zu trinken und zu essen sowie ein bequemes Bett. Am nächsten Morgen erfuhr ich, dass die Leute Kaninchen züchteten. Schon öfter hatte ich daran gedacht, eines als Begleitung mitzunehmen. Jetzt bot sich die Gelegenheit dazu! Ich drehte mit einem jungen Tier eine Runde auf dem Rad, und es blieb völlig ruhig und entspannt. Mein Entschluss stand fest. Und indem ich Gizela kaufte, konnte ich der Familie meinen Dank für ihre Gastfreundschaft zeigen.

^ *Gizela – die Auserwählte.*

> *Tadschikistan, wo man die Stille hören kann.*

In den meisten afrikanischen Ländern gibt es keine Ausweise für Haustiere. Kann man sie dennoch legal in ein Land einführen? Gelang dir das?

Ich brachte Gizela durch fünf Grenzkontrollen, aber es war schwierig, Informationen über die Mitnahme von Kaninchen zu bekommen. An jeder Grenze benötigte ich für sie ein von einem staatlichen Veterinär ausgestelltes Gesundheitszeugnis, das höchstens eine Woche alt sein durfte. Doch anders als Hunde oder Katzen brauchen Kaninchen keine Tollwutimpfung. Namibia verbietet allerdings die Einfuhr von Wildkaninchen. Ich musste sie einschmuggeln.

Wie sah es mit deinen eigenen Papieren aus? War es unproblematisch, unterwegs all die Visa zu bekommen? In welchen Ländern war es besonders schwierig?

Mit einem Visum für nur 30 Tage nach China einzureisen war riskant. Das galt auch für Turkmenistan und den Sudan. Auf der Arabischen Halbinsel werden Visa für den Sudan nur an Einheimische erteilt und von den sudanesischen Konsulaten überhaupt nicht. Mir halfen Kontakte in Riad.

Du hast sehr viele Länder und Kulturen kennengelernt. Welche haben dich am meisten überrascht?

Äthiopien war schon sehr besonders. Die Leute dort sind sehr stolz darauf, dass sie niemals eine europäische Kolonie waren. Deshalb gibt es dort auch keine »Sprache der Weißen«, aber aufgrund der vielen verschiedenen ethnischen Gruppen ebenso viele Dialekte, die unterwegs ständig wechseln. Auch die Haltung der Äthiopier gegenüber Ausländern ist anders als an all den Orten, wo ich sonst war. Meine Zeit dort war eine Herausforderung, die ich ebenso geliebt wie gehasst habe.

Hast du bei deiner langen Tour jemals einen Reise-Burnout gehabt? Wenn ja, was hast du dagegen unternommen? Wenn nein, wie hast du ihn verhindert?

Trotz des zuweilen auftretenden Gefühls, von den vielen Eindrücken erschlagen zu werden, habe ich noch nie ernsthaft die Lust am Reisen verloren oder den Wunsch verspürt, mich an einem anderen Ort aufzuhalten als da, wo ich gerade war. Dennoch ermüdete es auch mich manchmal, wenn mir jeden Tag dieselben Fragen gestellt wurden, selbst wenn sie Gizela betrafen. Sofern es sich in solchen Phasen ergibt, dass mich jemand einlädt, bei ihm zu wohnen, bleibe ich einige Wochen. Das bietet mir zudem die Möglichkeit, einen Ort näher kennenzulernen. Denn selbst bei dem geringen Tempo mit dem Rad habe ich von Zeit zu Zeit das Gefühl, viel Interessantes zu verpassen, das an der Route liegt.

Kommt man mit fremden Menschen leichter in Kontakt, wenn man mit einem Kaninchen oder einem anderen Haustier reist?

Tiere liefern immer Anlass für ein Gespräch. Vor allem Kaninchen sind höchst ungewöhnliche Gefährten bei Radtouren, die besonders viel Aufmerksamkeit auf sich ziehen. Außerdem findet sie jeder niedlich!

Leider ist Gizela nicht mehr bei dir. Was vermisst du am meisten an den Reisen mit ihr?

Die Überraschung und die Freude, die sie den Menschen beschert hat. Ob Mann oder Frau, jung oder alt, reich oder arm, schwarz oder weiß: die Reaktionen auf Gizela vereinte sie alle. Eine besonders schöne Erfahrung, wenn man durch Länder mit großen sozialen Unterschieden reist.

vsf fahrrad manufaktur

RADFAHRSTILE

»Bikepacker sind dafür bekannt, dass sie ein kurzes Gedächtnis haben, was Entbehrungen betrifft. Sobald sie einen Pass erreicht haben, löst sich alles Erduldete in der dünnen Luft auf. Es gibt keine andere Art des Reisens, die so viel Freiheit bietet und so viel Zielstrebigkeit erfordert.«

~ NATHAN NORTH ~

Bei dem heutigen Angebot an Rädern haben viele Leuten spezielle Wünsche an die Ausstattung ihres zweirädrigen Gefährts, mit dem sie eine lange Tour bewältigen wollen. Wenn man erst einmal unterwegs ist, kommt irgendwann der Moment, an dem man entweder erwägt, einen Teil des Gepäcks nach Hause zu schicken, oder den Ausrüstungsumfang grundsätzlich überdenkt. Während der Bikepacker wie ein Astronaut auf jedes mitgeführte Gramm achtet, will ein Surfer vielleicht sein Board mitnehmen, damit ihm keine Welle entlang der Strecke entgeht. Die einen meiden die üblichen Routen, um offroad in der Wildnis entlegene und spektakuläre Terrains zu erkunden, die anderen bleiben lieber auf asphaltierten Wegen in der Zivilisation, um Land und vor allem auch Leute kennenzulernen. Welchen Stil des Radfahrens du auch vor Augen haben magst, im folgenden Kapitel erhältst du Einblick in höchst unterschiedliche Herangehensweisen, was den Umfang des Gepäcks sowie die Wahl der Route und des Fahrradtyps angeht. Lass dich aber von der Vielfalt der vorgestellten Möglichkeiten nicht verwirren, sondern denke daran, dass jede Form des Reisens mit dem Rad großartig ist. Und heißt es nicht, dass das beste Fahrrad stets das eigene ist?

09

TOUREN

ALS AUSZEIT VOM ALLTAG

@pedalpaca

Thibault Michel
Frankreich (1992)
Bauingenieur

Julien Loth
Frankreich (1992)
3D-Animator

Unsere Tour:
von Bolivien nach Kolumbien (7 Monate)

UNSERE GESCHICHTE

Ein Fahrradabenteuer? Darüber hatten wir bereits eine ganze Weile nachgedacht, weil Radfahren für uns immer schon die bevorzugte Fortbewegungsart gewesen war, um mit Freunden eine gute Zeit zu haben, an unsere körperlichen Grenzen zu gehen, unterschiedliche Landschaften zu erleben und unterwegs interessante Leute kennenzulernen. Reisen mit dem Fahrrad sorgen in Zeiten, in denen alles viel zu schnell geht, für Entschleunigung. Und jeden Tag nur durch die Kraft der eigenen Beine ins Unbekannte vorzustoßen, bedeutet für uns Freiheit. Alle unsere Sinne werden dabei gefordert. Und gerade dann, wenn uns am Ende eines langen Anstiegs vor Erschöpfung die Zunge aus dem Hals hängt, fühlen wir uns sehr lebendig.

Es galt also nur noch das Ziel festzulegen: Südamerika! Wir wollten unser Zelt in den Anden aufschlagen, weil uns die dortige Kultur, Farbenpracht, Musik, Weite und Höhe fasziniert. Zudem bietet die zweithöchste, längste und vielleicht auch geheimnisvollste Gebirgskette der Welt in ihrem Verlauf von Nord nach Süd höchst unterschiedliche Ökosysteme.

In 4500 Metern Höhe auf Tour durch die Provinz Sur Lípez, Bolivien. ^
Beim Durchqueren des Dorfes Aguadas, Kolumbien. ↘

Was motiviert euch, mit dem Rad zu reisen?

Das langsame Tempo und das Freiheitsgefühl. Kein anderes Fortbewegungsmittel erlaubt es dir, dich und deine Ausrüstung völlig autonom von einem Ort zum anderen zu transportieren. Nahrung ist der einzige Treibstoff, den man dazu braucht.

Wenn dir auf dem Sattel der Wind ins Gesicht weht, spürst du deine Umgebung hautnah und vergisst die schmerzenden Muskeln. Dasselbe gilt für die Begegnungen mit den Menschen entlang des Weges. Radfahren sorgt für eine bunte Mischung aus Natur- und Kulturerleben. Solche Reisen beschränken sich nicht auf einzelne Anlaufpunkte, die man besichtigt. Vielmehr ist der Weg das Ziel, und das hält alle Sinne wach.

Wann habt ihr euch kennengelernt und wie entstand die Idee zu der Reise?

Im Alter von fünf Jahren kreuzten sich unsere Wege, als wir auf dem Schulhof Versteck spielten. Seitdem haben sich ein paar Dinge – wie unsere Haarfarbe – verändert, aber nicht unsere tiefe Freundschaft.

Nachdem sich unsere Wege aus beruflichen Gründen getrennt hatten, wollten wir irgendwann die alte Leidenschaft unserer Jugendzeit wieder aufleben lassen: das Radfahren. Der richtige Zeitpunkt dafür war schließlich gekommen, als wir beide mit unserer jeweiligen Lebenssituation nicht mehr zufrieden waren und jeder für sich den Entschluss gefasst hatte, endlich aus der Alltagsroutine auszubrechen. Zwei Seelen, ein Gedanke!

Für eure Südamerikatour wähltet ihr ein klassisches Treckingrad mit entsprechender Ausstattung. Wie kam es zu der Entscheidung und hat sich eure Wahl bewährt?

Als Anfänger suchten wir ein Rad, das möglichst viele Gänge sowie ein großes Händlernetz haben sollte und leicht zu reparieren war. Unterwegs selbst Pannen zu beheben klingt allerdings komplizierter, als es oft ist. Außerdem musste das Rad vielseitig genug sein, um damit auf Asphalt schnell und auf unbefestigten Wegen noch komfortabel fahren zu können. Wegen der großen Freigängigkeit der Räder, der vielen Gänge und des günstigen Preises entschieden wir uns für ein Trek 520. Wenn man das erste Mal auf große Tour geht, hat man immer Angst, zu wenig Staumöglichkeiten zu haben. Und da wir viel Gepäck mitnehmen mussten, hatten wir jeder vier Packtaschen dabei. Dadurch wurden die Räder aber recht schwer, was uns am Ende davon abhielt, einige abgelegene und anspruchsvolle Offroad-Strecken zu fahren. Gerade danach sehnten wir uns aber immer mehr, je länger wir unterwegs waren.

Welche Dinge hattet ihr dabei, die ihr vielleicht nicht unbedingt brauchtet und die euch unnötig belastet haben?

Wir hatten zu viel überflüssige Klamotten wie Jeans, Schuhe, Hemden et cetera dabei, um in den Städten entlang unserer Route abends zivilisiert ein Bier trinken zu gehen. Ein paar Monate lang schleppte ich sogar eine Gitarre mit, bis sie mir auf dem holprigen Straßenpflaster Ecuadors auseinanderfiel! Mit der Zeit trennten wir uns von allem Überflüssigen. Dadurch kamen wir besser voran und mussten an Steigungen weniger leiden.

Inwiefern half es euch in den einsamen Stunden draußen in der Wildnis, nicht allein zu sein?

Gemeinsam zu lachen ist herrlich, und wir lachen gern. Allein ist das schwer und auch ein bisschen seltsam. Deshalb ist es immer gut, einen Freund dabeizuhaben, dem man Witze erzählen kann, über die man gemeinsam lacht. Da wir an wenigen Tagen einzelne Etappen getrennt fuhren, wissen wir aus eigener Erfahrung, dass vieles leichter geht, wenn man jemanden an seiner Seite hat. Ob man Liebeskummer hat oder Alltagsprobleme: Allein das Wissen, dass man sich an einen guten Freund wenden kann, macht den Unterschied. Und Glück erfährt man vor allem dann, wenn man es teilt!

Wurde einer von euch krank oder gab es einen Unfall? Falls ja, was war geschehen und wie habt ihr euch verhalten?

Leider waren unsere Mägen nicht aus Stahl, sondern setzten uns etwa einmal im Monat außer Gefecht. Zum Glück geschah das immer gleichzeitig, wohl weil wir dasselbe aßen und tranken und uns dieselben Bakterien eingefangen hatten. Mit der Zeit wurde das zur Routine und lieferte eine gute Entschuldigung dafür, ein oder zwei Tage zu pausieren. Das ist der Preis dafür, wenn man Wasser aus dem Hahn trinkt! Meistens geht es gut, aber eben nicht immer.

Was die Räder angeht, hatten wir beide während der Garantiezeit nach nur zwei Monaten einen Rahmenbruch, was wir aber glücklicherweise früh genug bemerkten. Während wir darauf warteten, dass der Hersteller uns neue Räder schickte, ließen wir die Bruchstellen provisorisch schweißen.

Könnt ihr eine Anekdote von unterwegs erzählen?

J: Es gäbe viele. Eine davon könnte den Titel »Angriff eines furchtlosen Lamas« tragen. Da die meisten wild lebenden Tiere vor Menschen flüchten, waren wir gewohnt, dass Lamas wegliefen, wenn wir uns ihnen näherten. Leider kann es passieren, dass sie sich dabei das Genick brechen, falls sie mit einem Strick angebunden sind. Irgendwo im bolivianischen Hochland trafen wir jedoch auf ein Lama, das sich uns selbstbewusst in den Weg stellte, entschlossen, sein Revier zu verteidigen. Da wir die friedlich grasende Herde erschreckt hatten, ging es plötzlich auf Thibault los. Wir überließen dem Lama das Feld und machten eilig kehrt. Und wir waren der Natur dankbar dafür, uns gezeigt zu haben, dass wir Menschen nicht immer so überlegen sind, wie wir denken.

Kakteen und Sand in der Tatacoa-Wüste, Kolumbien.

Viele Leute richten eine Website und einen Blog ein, wenn sie eine lange Reise unternehmen, aber nur wenige machen sich die Mühe, unterwegs ständig Beiträge zu posten. Was hat euch dazu motiviert, beides zu tun?

T: Julien hatte die Idee, ein öffentlich einsehbares Reisetagebuch zu führen, nicht zuletzt, um für uns selbst unsere Erlebnisse für später festzuhalten. Dazu sollten qualitativ anspruchsvolle Bilder, Videos und Texte dienen, auch um unsere Verwandten und die große Gemeinschaft von Radreisenden mit Informationen zu versorgen. Um die Wahrheit zu sagen, war es jedoch nicht immer leicht, sich nach anstrengenden Tagen zum Schreiben zu motivieren. Wir brauchten eine ganze Weile, bis wir den richtigen Rhythmus gefunden hatten.

Mit einem Freund zu reisen ist eine großartige Sache. Inwiefern ist eure Beziehung noch enger geworden?

Wenn man über einen langen Zeitraum so viel gemeinsam erlebt wie wir beide, erfährt man viel über sich und den anderen. Zudem lernt man, Situationen so zu handhaben, dass jedem der nötige Freiraum bleibt und das Vertrauen zueinander wächst. Ich glaube, ich kann sagen, dass unsere Freundschaft mit jedem Tag mehr gefestigt wurde.

Eure Reise endete in den Wirren der Covid-19-Pandemie. Würdet ihr in Südamerika gern weitere Radtouren unternehmen?

Die Anden sind mächtige Berge voller Magie. Als wir sie erreichten, wussten wir kaum etwas über sie, aber wir kehrten mit reichen Erfahrungen heim und kennen nun Gegenden, die wir uns nächstes Mal genauer ansehen werden. Wenige Regionen unseres Planeten haben so viel Mystisches an sich.

10

TOUREN

UM DEN HORIZONT ZU ERWEITERN

@remoteana

Ana Zamorano
Spanien (1992)
Kommunikationsdesignerin

Meine Touren:
von Chile nach Kolumbien (11 Monate)
von Panama nach Mexiko (3 Monate)
vom Iran nach Georgien (5 Monate)
Nordspanien (1,5 Monate)

MEINE GESCHICHTE

Ich wurde in eine Familie hineingeboren, die sehr unter dem Spanischen Bürgerkrieg gelitten hatte. Vielleicht waren gerade deshalb alle so daran interessiert, auf Reisen die Vielfalt anderer Kulturen kennenzulernen. Schon als Kind wollte ich unbedingt Entdeckerin werden. Tiere und die Natur waren meine große Leidenschaft. Als Jugendliche beschäftigte ich mich dann mit den indigenen Völkern in Afrika, Asien und der Arktis, über die ich in Büchern las. Und ich wuchs auf dem Lande auf. Meine Großeltern waren Bauern, die Gemüse anbauten, Käse herstellten und sich als Imker betätigten. Außerdem war unser Haus immer voller Leute. All das prägte die Vorstellung, die ich von meinem zukünftigen Leben hatte.

Als ich 18 wurde, hatte ich bereits Europa, Nordafrika und ein wenig auch Nordamerika bereist. Später verbrachte ich während meines Studiums – Kommunikationswissenschaften und Film – die Semesterferien in Nicaragua, Gambia und El Salvador.

Aber ich wollte noch mehr entdecken. Bei einem Aufenthalt im Bwindi-Regenwald in Uganda, wo ich die letzten frei lebenden Berggorillas unseres Planeten sehen wollte, traf ich zum ersten Mal auf einen Bikepacker. Von dem Zeitpunkt an wusste ich, dass und wie ich zukünftig mit dem Rad reisen würde. Genau das habe ich in Lateinamerika, im Iran und im Kaukasus in die Tat umgesetzt.

Beim Genießen des Ausblicks von meinem ersten Pass in den Bergen Südarmeniens.

Was motiviert dich, mit dem Rad zu reisen?

Kurz und knapp: die Menschen und die Berge. Ich liebe es, Leuten aus alten Kulturen zu begegnen und mich in den Bergen aufzuhalten, wo ich meinen inneren Frieden finde und mich der Natur am nächsten fühle. Das Reisen mit dem Rad ermöglicht mir das eine wie das andere. Es waren immer abgelegene Wege und Pfade, die auf keiner Karte oder in keinem Instagram-Account zu finden sind, die mich zu magischen Orten brachten.

Deine erste Reise auf zwei Rädern führte dich nach Südamerika. Wie kam es dazu? Und hattest du vorher jemals auf einem Fahrrad gesessen?

Nach meinem Studium ging ich nach Uganda, um für ein Wohltätigkeitsprojekt zu arbeiten. Über das Land wusste ich nur, dass dort die letzten Berggorillas leben. Mit ein paar Ersparnissen erreichte ich nach tagelangem Trampen endlich den Dschungel. Dort traf ich dann das erste Mal auf jemanden, der mit dem Fahrrad weite Reisen unternahm. Und an dem Tag fasste ich den Entschluss, mit dem Rad eine Tour durch Südamerika zu machen, denn dorthin hatte es mich schon immer gezogen.

Kurz darauf ging ich wegen eines neuen Jobs für zwei Jahre nach England, wo ich mir Schritt für Schritt die Ausrüstung für die geplante Reise zulegte. Ich kündigte, ging nach Indien, lernte dort Yoga und Meditation und machte Wanderungen in Nepal. Dann flog ich nach Chile. So sah mein mentales und körperliches Vorbereitungstraining ganz ohne Fahrrad aus.

Szenen und Begegnungen während meiner Touren durch Südamerika.

Wie und warum hast du unterwegs deine Taschenkonfiguration geändert?

Vor meiner Abreise aus Europa hatte ich vier 20-Liter-Packtaschen gekauft: zwei fürs Vorderrad, zwei fürs Hinterrad. Aber als die Anstiege in den bolivianischen und peruanischen Anden immer steiler wurden, merkte ich, wie schwer beladen mein Rad war. Deshalb schickte ich die Front-Roller voraus zu einem Ort auf meiner Route und verschenkte viele Dinge, die ich nicht brauchte.

Zwischen meinen Touren durch Lateinamerika und den Iran verbrachte ich einige Tage zu Hause, um meine Ausrüstung mithilfe von Sponsoren zu verbessern. Von da an verzichtete ich auf Front-Roller und hatte nur noch kleine hinten am Gepäckträger. Zu einem radikalen Bikepacking-Setup konnte ich mich nicht entschließen, denn dann hätte ich meinen Laptop in einem Rucksack auf dem Rücken tragen müssen. Auch mit Packtaschen kann man offroad unterwegs sein, sogar recht gut, weil der Schwerpunkt niedriger ist.

Wählst du dein nächstes Reiseziel unter dem beruflichen Gesichtspunkt aus, dass du darüber eine interessante Geschichte erzählen kannst?

Nein, das steht nie im Vordergrund. Ich reise in Regionen, weil sie mich als solche interessieren: sei es der Pamir, Pakistan oder Myanmar. Diese Orte inspirieren mich wegen ihrer Gebirge und der alten Nomadenvölker, die dort leben. Erst dann mache ich mir Gedanken darüber, ob eine gute Geschichte dabei herauskommen könnte.

Falls ich nichts finde, was ich filmen möchte, mache ich eben Fotos. Auch damit kann man eine Geschichte erzählen! Leider ist mein Budget zu klein, als dass ich mir jemanden leisten könnte, der vor Ort Kontakte herstellt und mir eine spannende Story liefert.

Die Reisen ermöglichen dir, neue Projekte zu realisieren. Was fasziniert dich daran, bislang nicht erzählte Geschichten zu dokumentieren?

Ich stellte fest, dass die Menschen mich auf dem Rad anders wahrnehmen, als wenn ich auf andere Weise unterwegs bin. Außerdem kann ich mit dem Rad Orte erreichen, an denen zuvor noch nie oder kaum jemals ein Ausländer war. Beides bietet mir die großartige Möglichkeit, auf authentische Weise nicht nur über unbekannte Gesichter und Landschaften zu berichten, sondern dabei auch den Fokus auf Nachhaltigkeit, Naturschutz und echte Abenteuer zu richten.

Wenn ich mit den Einheimischen aus verschiedensten Regionen der Welt zusammensitze und ihnen zuhöre, ist das die beste Gelegenheit, einzigartige Filmporträts zu drehen. Aber ich will nicht nur die verschiedenen Kulturen unserer Erde vorstellen, sondern auch die Natur, in der sie leben.

Kannst du uns etwas über die Dokumentationen erzählen?

Ich porträtierte Tausende von Leuten, die mir unterwegs begegneten, und ich drehte zwei Dokumentationen: eine in Bolivien, die andere in El Salvador.

Bevor ich in El Alto in Bolivien eintraf, hatte ich über die kletternden Cholitas gelesen: indigene Frauen, die sich als Bergsteigerinnen betätigen. In dem Dorf, in dem ich übernachtete, traf ich zufällig jemanden, der mir den Kontakt zu einer von ihnen herstellte – Dora. Schon bei unserer ersten Begegnung nannte ich sie »Mama« und sie mich »Hija«, Tochter. Ich hatte keinen Plan, sondern wollte einfach nur ihre Lebensgeschichte erzählen und welche Rolle die Berge dabei gespielt haben. Für die Aufnahmen blieben mir nur 24 Stunden zwischen meiner Ankunft mit dem Rad auf dem Hochplateau und meiner Besteigung des 6000 Meter hohen Berges Huayna Potosí.

In El Salvador drehte ich eine Dokumentation über Frauen, die wegen Fehlgeburten für mehr als zehn Jahre ins Gefängnis gesperrt worden waren. Ich suchte sie dort auf und begleitete drei bei ihrer Entlassung.

Du warst auch im Iran, einem Land, das viele abschreckt und in dem es von Jahr zu Jahr schwerer wird, als Frau allein zu reisen. Welche Erfahrungen hast du dort gesammelt?

Ein Teil meines Herzens wird für immer im Iran bleiben. Aber ich muss gestehen, dass ich bei der Einreise Beklemmungen empfand. Nach meinem langen Aufenthalt in Südamerika war der Kontrast riesig, doch ich passte mich schnell an die neue Situation an. Dabei half es mir, dass die Iraner die gastfreundlichsten Leute sind, die ich jemals kennengelernt habe. Meine Route führte mich auch zu den im Iran lebenden Kurden, bei denen ich dieselben Erfahrungen machte.

An einigen heiligen Orten ist es iranischen Frauen verboten, allein zu reisen. Für mich aus dem Westen galt das glücklicherweise nicht. Doch in den vielen Familien, die mich unterwegs aufnahmen, berichteten mir die Frauen Tag für Tag unter Tränen, sie würden sich nach Freiheit sehnen und gern ein Leben führen wie ich.

Wie gehst du unterwegs mit deiner Angst um?

Ich sage immer, dass es ganz normal ist, Angst zu empfinden. Die Dinge werden aber komplizierter, wenn man als Frau allein in einem Land reist, in dem Frauen sich üblicherweise zu Hause um die Familie kümmern müssen und nur in Begleitung eines Mannes ausgehen dürfen. Ich bin früher als Rucksacktouristin durch viele Länder Europas, Afrikas, Zentralamerikas und Asiens gereist, aber jetzt bei meinen Touren allein auf dem Fahrrad erlebte ich eine grundlegend neue Situation. Ich brauchte Wochen, um meine Angst in den Griff zu bekommen, wenn ich mitten in den Bergen umringt von Männern kampierte und oft auch noch Alkohol im Spiel war.

Als Frau fühlt man sich oft bedroht, aber wir sollten uns davon nicht die Freude an Radreisen trüben lassen. Natürlich haben wir aus guten Gründen gelernt, immer und überall vorsichtig zu sein. Wir sollten dabei auf unseren gesunden Menschenverstand hören und zugleich unserer Intuition folgen: Wenn du an einem Ort oder bei einer Person, die dir begegnet, ein ungutes Gefühl hast, dann mach die Biege und geh möglichen Problemen einfach aus dem Weg.

11

TOUREN

IN KOMBINATION MIT WANDERUNGEN

@nienkenpim

Pim de Jong
Niederlande (1982)
Physiotherapeut

Nienke Ansems
Niederlande (1987)
Hydrogeologin

Unsere Tour:
von Cartagena, Kolumbien, nach Punta Arenas, Chile (14 Monate)

UNSERE GESCHICHTE

Wir heißen Pim und Nienke und leben in einem kleinen, typisch niederländischen Häuschen in Utrecht. Bei uns sieht es aus wie in einer Fahrradwerkstatt, und der Platz reicht kaum aus für die zahlreichen Räder, die sich über all die vielen Jahre angesammelt haben. Auch unser Schuppen ist randvoll mit Fahrradteilen, da Pim sich gern seine eigenen Modelle zusammenbaut.

Bald nachdem wir ein Paar geworden waren, begannen wir von einer mehrmonatigen Tour durch Patagonien zu träumen und sparten für die Reise. Doch zunächst verlief die Idee im Sand. Drei Jahre später erreichten wir dann einen Punkt, an dem wir spürten, dass unser Leben allzu sehr von der Arbeit und anderen Verpflichtungen bestimmt wurde. Die Idee zu der Reise nahm wieder Form an. Schließlich kündigten wir unsere Jobs und stürzten uns ins Abenteuer.

Wir sind beide begeisterte Radfahrer und Wanderer, aber eine so lange Tour auf dem Sattel war völlig neu für uns. Als Test radelten wir einen Monat durch Frankreich. Wir waren begeistert, vermissten aber, abgelegene Bergregionen erkunden zu können, wie wir es vom Wandern kannten. Deshalb nahmen wir auf unsere Radtour durch Südamerika auch unsere Wanderausrüstung mit.

Gemeinsam mit Kyle Hughes auf dem Huella-Andina-Trail. ^

Der Wechsel auf Bikepacking-Routen führte in entlegenere Regionen und bot mehr Abenteuerflair, aber auch einige sehr anstrengende Etappen. >

Was motiviert euch, mit dem Rad zu reisen?

Das Reisen mit dem Fahrrad bietet eine ideale Kombination aus Abenteuer, dem Erkunden von unbekanntem Terrain und einem großen Freiheitsgefühl. Wir halten es für die beste Art und Weise, ein Land jenseits der Städte und touristischen Hotspots wirklich kennenzulernen. Zudem kommt man auf einer Radtour leichter ins Gespräch mit Einheimischen.

Was uns ebenfalls motiviert, ist, dass man an der frischen Luft körperlich aktiv ist. Radfahren kann allerdings auch etwas Meditatives haben, vor allem wenn man eine malerische Landschaft genießt und sich dabei zugleich auf einen schwierigen Untergrund konzentrieren muss. Und am Ende des Tages ist man richtig stolz, die Strecke aus eigener Kraft geschafft zu haben. Wir sind überzeugt davon, dass Reisen mit dem Rad einmalige und sehr intensive Erlebnisse verschaffen.

Welche Regionen Südamerikas werden nach eurer Erfahrung am meisten unter- bzw. überschätzt? Und weshalb?

Die etwa in der Mitte Chiles gelegene Región de la Araucanía war uns gänzlich unbekannt und deshalb eine umso größere Überraschung. Die Landschaft ist unglaublich reizvoll mit ihren mächtigen Vulkanen, skurrilen Baumarten und kristallklaren Bächen, die sich durch die Täler schlängeln. Die Region hat eine lange Geschichte, und bis heute herrscht Streit zwischen der chilenischen Regierung und den Mapuche bezüglich der Territorien, die diesem indigenen Volk vom Staat aberkannt wurden.

Die chilenische Carretera Austral halten wir hingegen für überschätzt. Nachdem wir ein Jahr lang die atemberaubendsten und entlegensten Gegenden Südamerikas mit dem Fahrrad durchstreift hatten, waren unsere Erwartungen allerdings auch sehr hoch. Die Straße ist zweifellos beeindruckend, aber inzwischen von allen möglichen Touristen überlaufen.

Wie habt ihr eure Wanderausrüstung verstaut? Und könnt ihr Tipps geben, wie man einen Rucksack am besten auf dem Fahrrad verzurrt?

Das Praktische an der Kombination von Rad- und Wandertour ist, dass die Ausrüstung für beides fast identisch ist. Als Radreisender hat man bereits eine komplette Campingausrüstung dabei, sodass man nur wenig zusätzlich benötigt: nämlich ein Paar gute Wanderschuhe und einen Rucksack. Natürlich sind das Packmaß und das geringe Gewicht der Ausrüstung bei einer Wanderung von noch größerer Bedeutung. Unser Zelt hatte einen Vorraum, in dem wir nachts unsere Packtaschen unterstellten, und war sowohl relativ schwer als auch voluminös. Für unsere nächste Tour werden wir eine andere Lösung suchen und in ein ultraleichtes Zelt mit kleinerem Packmaß investieren.

Während die meisten Radreisenden noch eine Tasche quer über die hinteren Packtaschen schnallen, haben wir dort unsere Rucksäcke mit Spanngurten befestigt. An regnerischen Tagen schützten wir sie mit wasserdichten Überzügen. Auch wenn es ein wenig ungewöhnlich aussehen mochte, kamen wir mit dieser Lösung bestens zurecht.

Wie oft habt ihr in den Bergen zu den Wanderschuhen gegriffen? Fiel es euch zuweilen schwer, euch auch noch zu Klettertouren aufzuraffen?

Ursprünglich wollten wir in jedem Land mindestens eine mehrtätige Wanderung machen, insgesamt etwa eine pro Monat. Im ersten halben Jahr hielten wir uns auch ziemlich an diesen Plan. Im zweiten Teil unserer Reise hatten wir jedoch Angst, dass die Zeit nach unserem langen Aufenthalt in Peru knapp werden könnte, um rechtzeitig vor dem Wintereinbruch Ushuaia in Argentinien zu erreichen. Deshalb ließen wir einige Wanderungen aus. Außerdem fanden wir zunehmend Gefallen an den Bikepacking-Routen, die uns ebenfalls durch entlegene Gebiete führten.

Manchmal kostete es schon einige Überwindung, sich zu einer Wanderung zu motivieren. Es ist einfach angenehm, im Radfahrmodus bleiben zu können, sobald man den richtigen Rhythmus gefunden hat. Und obwohl man glaubt, durch das Radfahren richtig fit zu sein, kann das Wandern ganz schön in die Beine gehen. Es braucht einige Tage, bis man sich an das Gehen und den schweren Rucksack gewöhnt hat. Und nach der Wanderung muss man sich erneut wieder auf den Rhythmus beim Treten der Pedale einstellen.

Wo habt ihr eure Räder und die Ausrüstung während der mehrtägigen Wanderungen gelassen? Machtet ihr euch Sorgen um eure Sachen?

Wir ließen die Räder und die Ausrüstung in Hostels zurück, nachdem wir uns einen Eindruck verschafft hatten, ob man dort die Sachen sicher deponieren konnte. Nach der Wanderung kehrten wir dann per Anhalter, mit dem Bus oder Taxi zum Hostel zurück. Vieles spricht dafür, von einem größeren Ort aufzubrechen, da es dort zur Vorbereitung einer Tour bessere Einkaufsmöglichkeiten und stabiles WLAN gibt.

Die Fahrräder schlossen wir ab, alle Wertsachen und Papiere nahmen wir mit. Natürlich kann man nie ganz ausschließen, dass etwas gestohlen wird, aber mit etwas Sorgfalt bei der Planung und Auswahl der Hostels lässt sich das Risiko minimieren. Und bei einer solch langen Reise ist eine gute Portion Vertrauen in die Menschen unabdingbar.

Bikepacking wird immer beliebter. Denkt ihr, dass es möglich ist, auch beim Bikepacking die richtige Wanderausrüstung mitzunehmen? Was spräche dafür?

Es gibt einfach wunderschöne Regionen, die man mit dem Rad nicht oder nur sehr mühsam erreichen kann. Das gilt vor allem für anspruchsvolle Routen wie den Huayhuash-Trek in den peruanischen Anden. Dort mussten schon viele Bikepacker abbrechen und verpassten dadurch ein wunderbares Erlebnis. Unserer Erfahrung nach kann man bestimmte Terrains zu Fuß einfach besser und sicherer erkunden als mit dem Rad. Man hat zudem mehr Muße, die Umgebung wahrzunehmen, wenn man kein Fahrrad schieben oder tragen muss.

Fürs Bikepacking benötigt man eine ultraleichte Ausrüstung mit geringen Packmaßen. Aber falls man Schuhe hat, die zum Radfahren und Wandern gleichermaßen geeignet sind, braucht man zusätzlich nur noch einen Rucksack. Wir sind begeistert von zusammenrollbaren Modellen, die man fürs Fahrrad schön klein machen kann. Beim Wandern nutzt man sie dann in voller Größe. Einige Bikepacker tragen beim Radfahren ohnehin einen Rucksack auf dem Rücken oder befestigen ihn auf dem Gepäckträger.

Welche der von euch erwanderten Routen haltet ihr für die beeindruckendste und empfehlenswerteste?

Der Huayhuash-Trek ist einfach unglaublich. Die neuntägige Wanderung führt in großer Höhe und völliger Einsamkeit durch die peruanischen Anden – vorbei an mächtigen Gletschern, schneebedeckten Bergen, atemberaubend steilen Gipfeln und türkisblauen Seen. Die Großartigkeit und landschaftliche Vielfalt der Cordillera Huayhuash sind überwältigend. Die Route ist jedoch eine echte Herausforderung. Und es gibt nur eine Versorgungsstation, sodass wir Proviant für eine Woche mitnehmen mussten. Doch obwohl wir bereits ein halbes Jahr durch Peru getourt sind, wollen wir unbedingt in die Anden zurückkehren, um dort wandernd und auf dem Fahrrad noch vieles zu entdecken.

Patagonien war das Endziel eurer Reise, und ohne die Covid-19-Pandemie wärt ihr dort einen Monat lang wandern gegangen. Was fasziniert euch an Patagonien? Und wollt ihr noch einmal dorthin?

Vor unserer Reise stellten wir uns Patagonien als den Himmel auf Erden vor. Es versprach ungezähmte, üppig grüne und bergige Landschaften, in denen man überall wild zelten kann und wo es einige der schönsten Wanderrouten der Welt gibt. Es erschien uns als Erfüllung all unserer Träume. Allein der Name Patagonien klang süß in unseren Ohren. Wir unternahmen dort einige Fahrradtouren, aber keine Wanderung, sodass wir nicht wirklich beurteilen können, ob es wirklich das Paradies ist, das wir uns ausmalten. Wir werden wohl noch einmal dorthin zurückkehren, um die ausgefallenen Wanderungen nachzuholen. Wer weiß, vielleicht können wir dies mit einer weiteren großen Reise durch Südamerika verbinden. Wir würden gern noch weitere der entlegenen Regionen in Peru, Bolivien und Nordchile erkunden und die Tour im hinreißenden Kolumbien beenden.

12

BIKEPACKING

OFFROAD UND UNGEPLANT

*@_nathannorth_*

Nathan North
Australien (1992)
Grundschullehrer

Meine Touren:
Neuseeland (2 Monate)
entlang der Andentraverse – von Argentinien nach Kolumbien (1,5 Jahre)

MEINE GESCHICHTE

Alles begann, als ich mit 24 Jahren Australien in einem alten Landcruiser umrundete. Es interessierte mich, alternative Lebensstile auszuprobieren. Durch Jobs finanzierte ich die Erkundungstour durch mein Land, dessen Schönheit mich fasziniert. Ich erhielt dabei tiefe Einblicke in mich selbst und meine Heimat. Die Reise mit dem Geländewagen machte mich hungrig auf Unbekanntes und dankbar dafür, ohne Zwänge leben zu können.

Auch nach der Rundtour sehnte ich mich nach dieser Freiheit, aber ich wollte Menschen und Orte durch eine intensivere Art des Reisens kennenlernen. Mir gefiel die Idee, dies mit einem Fahrrad zu tun, zumal früher viel Geld in Benzin und Autoreparaturen geflossen war. Beiträge auf Social-Media-Plattformen inspirierten mich weiter und verfestigten meine Idee, bis ich ein Ticket zum Ort meiner ersten Radreise kaufte: Neuseeland.

Was motiviert dich, mit dem Rad zu reisen?

Inspiration.
Das Gute im Menschen zu erleben.
Nicht zu wissen, was hinter der nächsten Ecke wartet.
Keinen Pflichten und Zwängen zu unterliegen.
Jeden Moment intensiv wahrzunehmen.
Wunderbare Orte und wunderbare Menschen.
Entfernte Horizonte.
Hohe, schneebedeckte Berge.
Flora und Fauna.
Gleichgesinnte.
Bestätigung bei anderen zu finden.
Sich verwundbar zu zeigen.
An Herausforderungen zu wachsen.
Erfahrungen zu machen.
Durch das Leben zu lernen.

Bikepacking macht es möglich, Routen zu fahren, die sonst nicht zu bewältigen wären. Welche Herausforderungen erwarten einen dabei?

Bikepacking kombiniert das Beste, was Radfahren und Wandern ausmacht. Bei steilen Anstiegen und wenn der Trail endet, kann es ziemlich anstrengend werden, aber man wird für die Strapazen mehr als belohnt. Bikepacker sind dafür bekannt, dass sie ein kurzes Gedächtnis haben, was Entbehrungen betrifft. Sobald sie einen Pass erreicht haben, löst sich alles Erduldete in der dünnen Luft auf. Es gibt keine andere Art des Reisens, die so viel Freiheit bietet und so viel Zielstrebigkeit erfordert.

Entlegene und anspruchsvolle Routen verlangen zudem eine gute logistische Planung. Am besten fährt man zusammen mit einem Freund oder einer Freundin. Zumindest sollte man andere über die geplante Tour informieren und einen Notsender dabeihaben. Solche Unternehmungen führen dich an deine Grenzen, sind aber unvergesslich!

Dein jüngster Trip durch Südamerika war eine sehr abenteuerliche Tour. Was hast du im Vergleich zu den früheren Reisen an deiner Ausrüstung geändert?

Nach der Neuseelandtour nahm ich Änderungen am Rad und an den Packtaschen vor. Wegen meines schmalen Budgets machte ich vieles selbst. Dafür brauchte ich 20 Monate, aber alles funktioniert heute noch. Bei der Campingausstattung sponsorte mich Sea to Summit.

Für das erste Jahr meiner Reise von Argentinien nach Bolivien hatte ich das Touren-Setup so abgestimmt, dass ich auf sehr niedrige Temperaturen vorbereitet war und Proviant für 16 Tage dabeihatte. Wichtig waren die 29x3,0-Zoll-Reifen für das Fahren auf weichem Sand und in der Größe variable Packtaschen, denn ich plante, nach dieser Etappe einen Teil der Ausrüstung nach Hause zu schicken. Am Ende hatte ich am Rad nur noch zwei Gabeltaschen, eine Rahmentasche, eine Satteltasche, eine zusammenrollbare Lenkertasche, eine kleine Lenkertasche für Snacks und eine Oberrohrtasche. Damit transportierte ich Proviant für sechs Tage und in der Rahmentasche noch einen zusammengerollten Rucksack.

Von asphaltierten Straßen bis zu Schotterpisten in den Anden, du kennst alle Arten von Untergrund. Welchen bevorzugst du am meisten und warum?

Auf Asphalt fahre ich nur, wenn es gar nicht anders geht. Auf unbefestigten Wegen zu fahren intensiviert meine Verbundenheit mit der Landschaft und den Leuten. Nach meiner Erfahrung sind Menschen, die in den Bergen leben, viel großzügiger, demütiger und auch gastfreundlicher als Stadtbewohner.

Die meisten meiner Touren führten über zwei- und einspurige Schotterpisten. Es sind häufig die kleinen Dinge an der Strecke, die deren Reiz ausmachen, etwa Blumen, Pilze oder Tiere. Oder wenn man völlig verdreckt in ein Dorf kommt, sämtliche Kekse aufkauft und in die erstaunten Gesichter der Leute schaut. Reizvoll sind aber auch der Verlauf der Wege, die durch diese rauen Landschaften führen, und die Legenden, die sich um sie ranken.

Wie wählst du deine außergewöhnlichen Routen aus? Helfen dir dabei spezielle Apps? Und wie orientierst du dich, wenn du keine Handyverbindung hast?

In Südamerika gibt es einige legendäre Routen, die überwiegend gut dokumentiert sind, aber auch endlos viele, die noch entdeckt werden wollen. Als Erstes suche ich auf Satellitenbildern nach schneebedeckten Bergen, dann auf topografischen Karten nach dortigen Wegen. Wenn man entlegene Routen plant, muss man verschiedene Faktoren berücksichtigen: die Zeit, die Entfernungen zwischen Versorgungspunkten, Steigungen und Gefälle, ob der Weg sehr schmal ist oder ob es gar keinen angelegten Weg gibt. Einen Fehler bei der Planung macht man nur einmal. Und bevor ich aufbrach, lud ich alle topografischen Karten und Satellitenbilder herunter.

Dafür verwendete ich Apps wie AlpineQuest oder OsmAnd, für die eigentliche Routenplanung Komoot oder Maps.me. Selbst ohne Handyverbindung funktionieren GPS-Empfänger, sodass man seine Position jederzeit feststellen kann. Durch nichts zu ersetzen sind allerdings Informationen von Leuten, die bereits mit dem Rad an Ort und Stelle waren.

Hattest du die ganze Zeit über nur wenig Geld zur Verfügung? Wenn ja, welche Tipps hast du, um die Ausgaben bei einer Radreise gering zu halten?

Durchschnittlich brauchte ich pro Monat rund 200 US-Dollar, um die Ausgaben für Lebensmittel, Fahrradreparaturen, Übernachtungen et cetera zu bestreiten. Die meiste Zeit zeltete ich und ernährte mich vorwiegend von Gemüse, Früchten und Getreide aus der Region. Teuer wird es nur, wenn etwas kaputtgeht und man sich in der Wartezeit einquartieren muss. Am wichtigsten ist, dass man gesund bleibt. Am Anfang machte ich den Fehler, mir zu wenig Pausen zu gönnen.

Welche Region Südamerikas fandest du landschaftlich am schönsten? Und willst du noch einmal dorthin?

Eine solche Wahl zu treffen fällt mir schwer. Highlights waren die Hochwüste Puna in Argentinien, die Cordillera Blanca in den peruanischen Anden und Patagonien. Ich werde sicher dorthin zurückkehren, weil es noch so viel zu sehen gibt.

Welche Erfahrungen hast du in Südamerika mit Gastfreundschaft gemacht? Gibt es eine Person oder eine Situation, an die du dich besonders gern erinnerst?

Anfangs war es schwer für mich, mit den Leuten zu kommunizieren, weil ich kein Spanisch konnte. Dennoch zeigten sich die Einheimischen sehr aufgeschlossen. Oft luden mich gerade diejenigen, die selbst am wenigsten besaßen, zu sich zum Essen ein. Unvergesslich sind mir die *asados* der argentinischen Gauchos und die bolivianischen Bauern, die mit mir ihre Mahlzeiten teilten, aber auch Abende, die ich mit anderen Reisenden in Hostels verbrachte. Viele Menschen gaben mir das Gefühl, ein Teil ihrer Familien zu sein: etwas, das ich sehr vermisst habe, wenn ich lange allein unterwegs war.

Würdest du jemandem, der sich für Reisen mit dem Rad interessiert, eher zu einem klassischen Touren-Setup oder zum Bikepacking raten?

Mit irgendetwas muss man anfangen. Ich begann mit zwei einfachen Packtaschen, aber natürlich musste und muss ich bis heute immer wieder Kompromisse eingehen.

Ich mag mein Bikepacking-Setup, weil es nicht nur kostengünstig ist, sondern auch die Art von Radtouren ermöglicht, die ich besonders liebe. Natürlich könnte man die Ausstattung verbessern, aber ich komme mit dem klar, was ich habe, und investiere mein Geld lieber in gute Verpflegung. Sicherlich wird meine Art des Reisens mit dem Rad nichts für jeden sein. Der eine braucht mehr Komfort, der andere weniger. Was ich aber vor allem brauche, ist die Freiheit, jeden Trail befahren zu können, der mich reizt.

In der Abgeschiedenheit des Kratersees Laguna Quilotoa, Ecuador. <

Einer der vielen strapaziösen Pässe Perus in 4800 Metern Höhe. v

13

BIKEPACKING

HIKE-A-BIKE

@talesontyres

Franziska Wernsing
Deutschland (1986)
Fotografin

Jona Riechmann
Deutschland (1987)
Zimmermann

Unsere Touren:
vom Iran in die Mongolei (6 Monate)
von Vancouver, Kanada, bis Chile (2 Jahre)
Radtouren in Europa – vom Campingbus aus (1 Jahr)

UNSERE GESCHICHTE

Wir waren erst ein paar Monate zusammen, als wir zwei One-Way-Tickets nach Neuseeland kauften und uns auf unbestimmte Zeit von unseren Freunden und Familien verabschiedeten. Aber nachdem wir ein Jahr lang durch Neuseeland, Nepal und Indien gereist waren, hatten wir genug davon, um Busfahrpreise zu feilschen und in schlechten Hotels zu schlafen. Wir wollten unabhängiger und mehr in der freien Natur unterwegs sein. Darum beschlossen wir, unsere Rucksäcke in die Ecke zu stellen und unsere Reise um die Welt auf dem Rad fortzusetzen. Das war die beste Entscheidung unseres Lebens.

Was motiviert euch, mit dem Rad zu reisen?

Für uns sind Radreisen gleichbedeutend mit Freiheit und Unabhängigkeit. Wir sind auf keine touristische Infrastruktur angewiesen, sondern können selbst bestimmen, wohin wir wollen. Deshalb sind wir in der Lage, wochenlang durch abgelegene, bergige Regionen zu streifen, die auf andere Weise kaum zu erreichen sind. Sich mit dem Rad fortzubewegen, bedeutet auch, unbeschwert zu reisen, weil diese Art des Reisens zugleich unkompliziert und meditativ ist.

Eure erste Reise unternahmt ihr mit einer sehr improvisierten Ausrüstung, gekauft und handgefertigt in Indien. Würdet ihr auch anderen empfehlen, erst einmal ohne gute Ausstattung loszulegen?

Bei der Frage nach der richtigen Ausrüstung macht man sich allzu leicht verrückt. Wir wissen Qualität zu schätzen, empfehlen aber Anfängern, erst einmal das zu verwenden, was zur Hand ist. Das gilt umso mehr, wenn man auf diese Weise direkt starten kann und nicht erst noch ein Jahr länger arbeiten muss, um die Ausrüstung kaufen zu können.

Wie seid ihr zum Konzept des Bikepacking gekommen? Hat es euch sofort überzeugt, und wenn ja, wodurch?

Auf dem Weg von Kanada nach Mexiko folgten wir der Great Divide Mountain Bike Route. Dabei trafen wir viele Bikepacker. Uns gefiel ihre spartanische Ausrüstung vor allem deshalb, weil sie damit Routen fahren konnten, auf denen wir absteigen und schieben mussten. Wir erkannten, dass uns dieses Konzept die Freiheit geben würde, nicht mehr auf Straßen bleiben zu müssen, sondern auf unbefestigten Trails tief in die Wälder hinein vordringen zu können.

Wann habt ihr das erste Mal hike-a-bike ausprobiert, also die Räder auch einmal geschoben und getragen?

Wir wissen nicht mehr genau, wann wir damit angefangen haben. Aber es kommt uns so vor, als hätten wir bei unseren Reisen nie etwas anderes gemacht. Wir lieben einfach die Berge und suchen gern Orte auf, die nur schwer erreichbar sind und sich immer noch ein wenig wild anfühlen, was ihren Reiz für uns ausmacht. Dorthin gelangt man nicht auf ausgebauten Straßen.

Welche war eure anstrengendste Tour? Und welche Lehren habt ihr daraus gezogen?

Wo wir nicht unbedingt die größte Anstrengung, auf jeden Fall aber die größte Enttäuschung erlebten, war eine Route am Mont Blanc. Fast fünf Tage lang mussten wir unsere Räder bergauf und auch wieder bergab schieben, weil die Trails mit beladenen Rädern nicht fahrbar waren. Wir gaben nicht auf, weil wir – vergebens – darauf hofften, dass sich die Verhältnisse bessern würden. Was haben wir daraus gelernt? Man kann mit seinem Rad zwar zu den meisten Orten gelangen, es macht aber nicht immer Sinn!

Beim Übernachten in einem Olivenhain mit Blick auf eine Ortschaft in Frankreich. ^

Schokolade ist immer ein Retter in der Not. >

Wenn ihr Langstreckentouren mit kürzeren Wochenendabenteuern vergleicht, wofür würdet ihr euch entscheiden? Wobei findet ihr mehr Befriedigung?

Das eine kann man nicht mit dem anderen vergleichen. An kurzen Trips lieben wir, dass man mit leichtem Gepäck auch schwierigeres Terrain fahren kann. Aber nur lange Touren eröffnen die faszinierende Möglichkeit, einmal alles hinter sich zu lassen und in völlig neue Welten einzutauchen.

Wie schwer darf ein bepacktes Rad sein, damit ihr es bei einer Wanderung, egal wie weit, noch auf der Schulter tragen könnt?

Das hängt sehr davon ab, wer das Rad tragen muss. Wenn wir bei kürzeren Touren wissen, dass wir viel zu Fuß unterwegs sein werden, testen wir vorher, ob wir die bepackten Räder relativ leicht heben können. Grundsätzlich tragen wir unsere Räder aber nie über längere Strecken, sondern schieben sie, solange das möglich ist. Denn selbst ein leichtes Rad zu tragen ist sehr unbequem und macht keinen Spaß.

Welche sind aus eurer Sicht die größten Vorteile des Bikepacking und welche Kompromisse, die ihr dabei eingehen müsst, missfallen euch am meisten?

Wir würden niemals zu einem klassischen Touren-Setup zurückkehren, weil uns die Beschränkung des Gewichts beim Bikepacking mehr Freiheiten bei der Wahl des Ziels lässt. Selbst mit minimalistischen Packmöglichkeiten kann man immer noch genug Ausrüstung für eine Radreise mitnehmen. Je weniger Gepäck, desto mehr Spaß haben wir.

Wie geht ihr bei der Suche nach dem perfekten Trail vor? Welchen Tipp habt ihr für Leute, die hike-a-bike gern einmal ausprobieren möchten?

Bleibt nicht auf den bekannten Routen, die auf euren Karten eingezeichnet sind. Wenn ihr unterwegs rechts oder links einen Trail abzweigen seht, probiert ihn einfach aus, natürlich ohne dabei zu große Risiken einzugehen. Der perfekte Trail ist der, den man selbst entdeckt.

XT

14

BIKEPACKING

ETWAS ZURÜCKGEBEN

@trientrapt

Trien Pauwels
Belgien (1974)
Grafikdesignerin

Meine Tour:
von Belgien nach Taiwan und zurück (2,5 Jahre)

MEINE GESCHICHTE

Schon als Kind liebte ich das Radfahren und träumte davon, ein Rennrad zu haben. Doch als ich begann, Geld zu verdienen, legte ich mir stattdessen ein schlichtes Mountainbike zu. Einige Jahre zuvor war ich volljährig geworden und durfte dann auch allein reisen. Mit einem Freund, dem alten Rad meines Großvaters und einem Rucksack auf dem Gepäckträger eroberte ich die Bretagne. Es war wunderschön! Nach einigen Touren in Europa zog es mich auf andere Kontinente, wobei mich die Berge besonders reizten: der Himalaya, die Anden, das Atlasgebirge ... Aus den alljährlichen sechs Wochen auf dem Rad wurden sechs Monate und schließlich zweieinhalb Jahre.

In Russland liebte ich die zahllosen unbefestigten Straßen, nicht aber die dadurch verursachten Reifenpannen. Dessen ungeachtet war ich überrascht, wie lange meine geflickten Reifen hielten.

Was motiviert dich, mit dem Rad zu reisen?

Für mich ist es einfach die beste Art, Länder zu erkunden – nicht zu langsam, nicht zu schnell – und selbst in den entlegensten Ecken der Welt die Menschen dort kennenzulernen. Ich liebe es, in der freien Natur Flora und Fauna zu erleben, die Landschaft ganz für mich zu haben und grandios gelegene Zeltplätze zu entdecken.

Was liebst du am meisten daran, allein zu reisen?

Die Freiheit, meinen eigenen Tagesrhythmus zu bestimmen und anzuhalten, wo und wann immer ich will. Außerdem ist es ein größeres Abenteuer, wenn man allein reist, denn man muss die Herausforderungen ganz allein bewältigen.

Worin unterschied sich deine lange Radreise am meisten von früheren Touren?

Schon bei meinen früheren Touren erkannte ich, wie verantwortungslos und naiv ich bis dato gewesen war. Je mehr ich reiste, desto schuldiger fühlte ich mich, weil ich zum einen das Privileg genoss, mir die Welt ansehen zu können, was nicht vielen vergönnt ist. Zum anderen erkannte ich, wie viel Leid wir unschuldigen Familien und den kommenden Generationen zufügen, indem wir Kriege führen und leichtfertig die Umwelt zerstören. Und dies hat nicht nur Auswirkungen auf die Menschen, sondern auch auf die Flora und Fauna.

Bei meiner letzten Reise wollte ich etwas für all das Gute zurückgeben, das die Welt und die Menschen mir als Radfahrerin so reichlich geschenkt hatten: Ich sammelte Spenden für den WWF und UNICEF.

Dein Ziel war es, für deinen 30 000 Kilometer langen Trip 30 000 Dollar an Spendengeldern einzunehmen. Wie hast du Geld und Sponsoren aufgetrieben?

In den letzten Monaten vor meinem Aufbruch organisierte ich viele Spendenaktionen. So kochte ich etwa für 120 Leute Chili oder veranstaltete eine Online-Auktion mit Prominenten und Künstlern. Während meiner Radreise besuchte ich UNICEF- und WWF-Projekte, arbeitete ehrenamtlich mit und postete Beiträge darüber, um meine Sponsoren über die Ergebnisse ihrer Unterstützung zu informieren. Außerdem wollte ich auf diese Weise neue Follower zum Spenden ermuntern.

Kannst du uns ein Beispiel dafür geben, wie du unterwegs jemandem persönlich geholfen hast?

Im Oman wurde ich in das Haus einer Beduinen-Familie eingeladen, die ihr Nomadenleben aufgegeben hatte und nun Landwirtschaft betrieb. Bader, der Bruder von Mohammed, der mich eingeladen hatte, machte sich frühmorgens auf den Weg zum Markt, um dort drei Ziegen zu verkaufen. Mit zweien und einer traurigen Miene kehrte zurück. Harte Zeiten für Beduinen! Abends am Feuer schlug ich vor, man könne das wunderschöne Haus an Touristen vermieten. »Das wäre traumhaft«, erwiderte Bader. »Aber ich weiß nicht, wie.« Ich schlug vor, einige Fotos zu machen und eine Website einzurichten. Gesagt, getan, und schnell wurde daraus ein größeres Projekt. Ich freue mich sehr für Bader und seine Familie.

Du bist mit vier Packtaschen gestartet, hast aber unterwegs sehr bald dein gewohntes Mountainbike vermisst. Wie kam es dazu? Und wie gelang es dir, dann auf Bikepacking umzustellen?

Auf meinen früheren Touren war ich mit einem schlicht ausgestatteten Mountainbike unterwegs gewesen. Da ich diesmal aber eine sehr lange Tour plante, hielt ich ein Trekkingrad für sinnvoller. Obwohl es mit den vier Taschen schwer beladen war, spähte ich ständig nach Offroad-Strecken. Nach zwei Wochen auf Asphalt schickte ich dann die ersten fünf Kilo Gepäck nach Hause. Das wiederholte sich in mehreren großen Städten. In Georgien entschloss ich mich schließlich, auf ein leichteres Rad und zu Bikepacking zu wechseln.

Dank einem guten Freund und der Großzügigkeit eines belgischen Fahrradhändlers erhielt ich im Oman die neue Ausrüstung, für die ich äußerst dankbar war.

Welche der Länder, durch die du gefahren bist, sind dir besonders unvergesslich geblieben? Und warum?

Jedes der Länder hat einen Platz in meinem Herzen, aber meine Favoriten waren:

Kirgistan wegen seiner abwechslungsreichen, reizvollen Landschaften und seiner herzlichen Menschen.

Russland wegen seiner unerwarteten Schönheit und Gastfreundschaft, wegen der besonderen Atmosphäre eines ehemaligen Sowjetstaates, seiner Weite und seinen vielen Offroad-Strecken.

Der Oman, weil ich dort nach schlechten Erfahrungen im Iran mein Selbstvertrauen wiedergewann und auf fantastische Menschen traf. Zudem wegen der faszinierenden Wüsten, Wadis und Berge.

Georgien wegen seiner beeindruckenden Berge und reichen Kultur – und weil ich dort meine allerersten Bikepacking-Erfahrungen sammelte.

Als du dein Ziel Taiwan erreicht hattest, bist du nicht einfach nach Belgien zurückgeflogen. Warum hast du auch für den Rückweg das Rad gewählt? Und welche weiteren Länder hast du dabei besucht?

Mein ursprünglicher Plan war es gewesen, jeden einzelnen Kilometer von Gent bis Taiwan mit dem Rad zu fahren. Leider war das nicht möglich. Wegen schlechter Erfahrungen hielt ich es für zu gefährlich, als Frau allein auf der Straße durch den Iran zu reisen. Hinzu kamen unerwartete Grenzschließungen und verweigerte Visa. Deshalb musste ich leider einige Male fliegen, was ich sehr bedauerte. Aus diesen Gründen beschloss ich, von Taiwan aus auf dem Landweg zurückzukehren und kam so auch durch Russland und Norwegen. Dabei konnte ich mir meinen alten Traum erfüllen, mit der Transsibirischen Eisenbahn zu fahren. Außerdem war es eine tolle Erfahrung, mit dem Schiff in Wladiwostok anzulegen.

Was war die wichtigste Erkenntnis, die du auf deiner Tour von Belgien nach Taiwan gewonnen hast?

Schon von früheren Reisen wusste ich, wie selbstsüchtig wir uns in der westlichen Welt verhalten und wie viele warmherzige und gastfreundliche Menschen es in anderen Teilen der Erde gibt. Je weniger sie besitzen, desto mehr sind sie bereit zu teilen. Bei dieser Tour wurde mir auch klar, dass die Frauen auf der ganzen Welt das stärkere Geschlecht sind, obwohl sie unterdrückt werden. Sie kümmern sich um ihre Familien und arbeiten auf den Feldern, während die Männer oft in den Dörfern zusammensitzen und trinken.

Wenn man zwei Jahre mit dem Rad unterwegs ist, wird die Straße fast zur Heimat. Hat sich deine Einstellung zum Reisen im Laufe der Zeit geändert?

Je länger ich unterwegs war, desto mehr nahm ich mir die Zeit, die Pausen mit Campen und Kochen zu genießen. Doch zum Ende der Reise hin fühlte ich mich erschöpft, vor allem in Norwegen, wo es jeden Tag regnete und bei Gegenwind ständig bergauf ging. Während der ersten zwei oder drei Monate der Tour hatte es auch oft geregnet, aber da war ich noch voller Motivation und Energie gewesen. Beides war nach zwei Jahren nicht mehr so leicht zu mobilisieren.

Was kann jemand im Rahmen seiner Möglichkeiten tun, um für die auf einer Reise empfangene Gastfreundschaft etwas zurückzugeben?

Wenn man auf Reisen die Schönheit der Natur und die Gastfreundschaft der Menschen einer Region genießt, sollte es nach meiner Auffassung selbstverständlich sein, vor Ort die Organisationen zu unterstützen, die sich dafür einsetzen, die Welt zu einem besseren Ort zu machen.

Eine herrliche Landschaft für sich zu haben ist ein unbeschreibliches Gefühl. Entlegene Orte sind für mich wie ein Paradies. >

15

FAHRRADTYPEN

TANDEM

@rideatandem

Mieke Oey
Niederlande (1967)
IT-Beraterin

Niko Kroeger
Deutschland (1968)
IT-Berater

Unsere Touren:
von Brasilien nach Patagonien, China, Australien, Kuba (18 Monate)
von Entebbe zum Queen-Elisabeth-Nationalpark, Uganda (3 Wochen)
von Astana nach Almaty, Kasachstan (4 Wochen)
von Adelaide zur Halbinsel Eyre, Australien (5 Wochen)
von Oslo zur Hardangervidda, Norwegen (2 Wochen)
von Muskat nach Salalah, Oman (5 Wochen)
Rundreise um Tallinn, Estland (2 Wochen)
Rundreise von Marrakesch durch die Sahara, Marokko (5 Wochen)

UNSERE GESCHICHTE

Als wir beide jünger waren, konnte jeder von uns sich nur Reisen mit dem Fahrrad leisten. Als Paar haben wir dann unmittelbar daran angeknüpft.

Unsere erste gemeinsame Tour führte uns nach Kanada, wo wir fünf Wochen unterwegs waren. 2011 wechselten wir dann auf ein Tandem. Der Auslöser dafür war eine inspirierende Begegnung, die wir in Island mit einem französischen Paar hatten, das mit seinem Baby und einem voll beladenen Tandem reiste. Seither sind wir dabeigeblieben, egal ob bei kurzen Ausflügen oder langen Touren. Wir haben auf diese Weise Australien und die argentinische Pampa durchquert, die Gletscherwelt Patagoniens erkundet, die Wüste des Oman besucht, die Pässe der chinesischen Provinz Sichuan bezwungen und die kasachische Steppe bereist. Wir hoffen, dass noch viele weitere Touren folgen werden.

Beim Zelten in der Wüste im Oman. >

Unterwegs im Viru-Hochmoor der estischen Taiga. v

Weggabelung inmitten der kasachischen Steppe.

Was motiviert euch, mit dem Rad zu reisen?

N: Mit 16 machte ich meine erste Tour auf einem einfachen Rad mit Dreigangschaltung. Mein Freund und ich hatten so wenig Geld, dass wir Leute fragten, ob wir in ihrem Garten zelten dürften. Von Deutschland aus setzten wir nach Schweden über und radelten später auch zurück. Ich war begeistert. Als wir wieder in Kiel ankamen, hatte ich das Gefühl, die Welt erobert zu haben, und wusste, dass dies nicht meine letzte Tour bleiben würde. Bis heute reise ich am liebsten mit dem Rad.

M: Mich fasziniert an Radtouren, dass man nur sein Campingzeug aufs Rad lädt, und los geht's. Unterwegs ist man der Witterung und den äußeren Umständen ausgeliefert. Man muss mit Gegenwind, Verkehr, sengender Sonne und manchmal auch unangenehmen Gerüchen klarkommen. Dabei trifft man aber ebenso sicher auf viele freundliche, hilfsbereite und interessante Leute. Es gibt nichts Schöneres.

Was hat euch am Tandem so überzeugt, dass ihr zu diesem Radtyp gewechselt seid?

Als wir in Island das französische Ehepaar mit seinem Baby auf dem Tandem trafen, waren wir sofort von diesem Konzept des Reisens fasziniert. Ein paar Wochen später besuchten wir Berlin und mieteten uns dort ein Tandem, um uns die Stadt anzusehen. Mit jedem Kilometer wuchs unsere Begeisterung. Wir konnten uns unterwegs unterhalten, die Route diskutieren, kamen immer gemeinsam an und – was am wichtigsten war – hatten unglaublich viel Spaß! Noch in Berlin beschlossen wir, uns für unsere nächste Reise ein Tandem zu kaufen. Wir haben diese Entscheidung nie bereut und sind seitdem immer auf einem Tandem unterwegs gewesen.

Was sind die Vor- und Nachteile des Reisens mit einem Tandem? Spielt es eine Rolle, wo man unterwegs ist?

Neben der schieren Freude daran ist einer der Vorzüge, dass man sich auf dem Tandem normal unterhalten kann, weil man dicht hintereinander sitzt. Und da wir gemeinsam in die Pedale treten, entwickeln wir mehr Kraft und kommen weiter. Zudem erreichen wir unser Ziel immer gemeinsam. Zu guter Letzt reagieren die Leute, die oft noch nie ein Tandem gesehen haben, bei Begegnungen immer positiv, und man hat sofort ein Gesprächsthema.

Was die Nachteile betrifft: Die Technik ist beim Tandem komplizierter, weil es spezielle Teile hat wie den Hinterradbremszug, den Vorbau für die hintere Lenkstange oder das Exzenter-Tretlager. Bei Defekten bekommt man nicht überall Ersatzteile. Auch der Verschleiß ist größer und der Transport nicht immer einfach. Dennoch überwiegen die Vorteile.

Besonders wenn man lange Touren plant, kommt es bei einem Rad auf gute Qualität an. Gilt das für Tandems in besonderem Maße?

Die Robustheit der einzelnen Bauteile eines Tandems kann man nicht mit denen normaler Fahrräder vergleichen. Voll beladen sind wir mit 250 Kilogramm unterwegs, was weit über der Belastungsgrenze handelsüblicher Bauteile liegt. Der Verschleiß ist deutlich höher. Zum Beispiel wechseln wir die Reifen alle 4000 bis 5000 Kilometer, während »normale« Radfahrer das oft erst nach der doppelten Distanz tun müssen.

In bergigen Gegenden ist unsere Hauptsorge nicht, es nach oben zu schaffen, sondern heil wieder hinunterzukommen, denn bei Abfahrten erreichen wir schnell mehr als 70 Stundenkilometer. Wenn dabei die Bremsen heiß laufen, müssen wir anhalten, bis sie sich wieder abgekühlt haben. Deshalb muss ein Tandem von erstklassiger Qualität sein.

Seit ihr euch in Deutschland niedergelassen habt, kombiniert ihr eure Arbeit mit kürzeren Radtouren. Wie viele Wochen seid ihr dabei unterwegs und wie wählt ihr eure Ziele aus?

Der größte Luxus einer langen Tour ist die Freiheit, die man genießt. Man muss nicht lange vorausplanen, sondern kann spontan länger an einem besonders schönen Ort bleiben oder jederzeit die Route und das Ziel ändern. All das lieben wir beim Reisen. Nach unserem 18-monatigen Sabbatical wurde diese Freiheit stark eingeschränkt. Wir arbeiten beide in der IT-Branche. Wann und wie lange wir Urlaub nehmen können, hängt vom Fortschritt unserer Projekte ab. Meist können wir aber ein- bis zweimal pro Jahr Touren machen.

Unsere konkreten Ziele richten sich nach der Zeit, die wir zur Verfügung haben. Wir finden es unsinnig, weit wegzufliegen, um dann nur zehn Tage auf dem Rad zu sitzen. Außerdem verreisen wir nicht gern während der Hochsaison. Die Auswahl der Ziele? Mal inspiriert uns ein Zeitschriftenartikel, dann haben wir noch einige Länder auf unserer Bucketlist, und manchmal folgen wir einem persönlichen Tipp.

Welche Regionen habt ihr noch nicht bereist, würdet es aber gern? Und warum?

Wir haben eine lange und stetig wachsende Liste mit Wunschzielen. Unter anderem stehen darauf:

– das Changai-Gebirge in der Mongolei, weil wir spannende Kulturen, weite Landschaften und Berge lieben. Begegnungen mit Einheimischen in entlegenen Regionen waren immer Höhepunkte unserer Reisen.

– Uganda, Kenia, Tansania. Die geplante Route führt von Uganda am Victoriasee entlang nach Kenia und folgt dann der Nordgrenze der Serengeti zum Natronsee in der Region Arusha. Dabei wollen wir aus der Perspektive von Radfahrern Elefanten sehen.

– der Kaukasus, weil die zwischen Europa und Asien verlaufende Bergkette eine einzigartige Naturlandschaft mit vielen ethnischen Gruppen und einer weit zurückreichenden Kulturgeschichte ist.

Im Laufe der Zeit habt ihr eure Ausrüstung sowohl in einem Anhänger als auch in Packtaschen transportiert. Wonach richtet sich eure Wahl?

Während der vergangenen Jahre haben wir viel ausprobiert, um unser Setup zu perfektionieren. Da man an einem Tandem nicht so viele Packtaschen anbringen kann wie an zwei einzelnen Fahrrädern, suchen wir stets nach Möglichkeiten, an Gepäck und Gewicht zu sparen.

Seitdem wir nur noch kürzere Trips machen, passen wir unser Setup jeweils genau an. Bei unserer Tour durch Estland waren wir das erste Mal ohne Anhänger unterwegs. Jeder von uns hatte nur eine Hinterradpacktasche für Kleidung, Schlafsack und Isomatte. Für längere Touren, bei denen man Proviant und Wasser für mehrere Tage mitnehmen muss, reicht das nicht aus. Dann nehmen wir einen Anhänger mit, auch wenn uns das in unserer Beweglichkeit einschränkt. Aber es macht Spaß, wenn man das Gefühl hat, mit einem richtigen »Lastzug« auf der Straße zu sein.

Welche Fragen werden euch nach einer Tour im Freundes- und Kollegenkreis am häufigsten gestellt?

Die meisten unserer Bekannten bevorzugen Reisen, bei denen alles im Voraus gebucht ist. Sie können nicht recht nachvollziehen, warum wir es lieben, mit unserem Tandem in ein fremdes Land zu fahren und dort abends nach einem Zeltplatz Ausschau zu halten. Außerdem entsprechen unsere Reiseziele nicht den klassischen Wunschzielen unserer Generation. Deshalb taucht auch regelmäßig die Frage auf: »Was war der gefährlichste Augenblick eurer Reise?«

Selbst nach all den Jahren haben wir in der Hinsicht keine wirklich spannende Geschichte zu bieten, weil wir die meiste Zeit nur schöne Momente erleben und auf wunderbare Menschen treffen. Rückblickend gab es nur eine wirklich gefährliche Situation. Bei einer Tageswanderung durch den Nationalpark Los Alerces in Argentinien wurden wir von einem Waldbrand eingeschlossen, den Brandstifter gelegt hatten. Damals waren wir uns in einer buchstäblich brenzligen Lage.

SALLE DE BAIN
CHAMBRE

16

FAHRRADTYPEN

LIEGERAD

@world.foodorama

Kalima Hammond
Frankreich (1990)
Produktionsleiterin

Sylvain Leurent
Frankreich (1981)
Fotograf

Unsere Tour:
von Vancouver, Kanada, nach Buenos Aires, Argentinien (15 Monate)

UNSERE GESCHICHTE

Wir sind Sylvain und Kalima. Vor unserer Reise lebten wir in Paris, wo wir in der Foto- und Videobranche Werbe- und Filmaufnahmen machten. Eines Tages beschlossen wir dann, einen alten Traum zu verwirklichen und uns in ein großes Abenteuer zu stürzen: eine Reise um die Welt! Dabei wollten wir eine Dokumentation über nachhaltige Lebensmittelproduktion drehen. Unser Film sollte eine Antwort auf die Frage liefern: Wie können wir Nahrungsmittel erzeugen, ohne die globale Klimaerwärmung voranzutreiben?

Als die Idee stand, suchten wir nach einer umweltfreundlichen Art des Reisens und kamen auf das Radfahren. Zu der Zeit hatten wir noch nie Radtouren unternommen und wollten uns schon deshalb möglichst komfortable Modelle zulegen. Da wir von Liegerädern der Firma AZUB gehört hatten, beschlossen wir, damit zunächst einmal eine zweimonatige Testfahrt durch Marokko zu machen. Insgesamt brauchten wir dann ein ganzes Jahr für die Vorbereitung unseres Projekts »Foodorama«.

Was motiviert euch, mit dem Rad zu reisen?

In der Vergangenheit waren wir bereits viel gereist, aber nie mit dem Rad. Und wir hatten uns auch nur auf den üblichen touristischen Pfaden bewegt. Bei unserem Projekt sollte alles anders werden. Ein Fahrrad macht dich unabhängig, bringt dich mit Leuten zusammen, man reist langsam, kann dabei die Natur genießen und verhält sich umweltfreundlich. Kurz: Es ist die perfekte Art zu reisen.

Warum habt ihr euch für Liegeräder entschieden? Welche Vor- und Nachteile haben sie?

Die Vorteile:
– Du sitzt sehr bequem ohne harte Sättel.
– Die Räder sind aus Stahl – schwer, aber stabil!
– Man erlebt die Landschaft aus einer Kinoperspektive.
– Bergab gibt es unglaubliche Eindrücke und man ist sicherer bei hohem Tempo.
– Wegen der geringen Sitzhöhe ist die Verletzungsgefahr bei Stürzen kleiner.
– Man kommt sehr leicht ins Gespräch mit Leuten, weil die Räder auffällig und originell sind.

Die Nachteile:
– Bergauf ist es ist deutlich anstrengender als auf normalen Rädern.
– Die Räder wiegen unbeladen 22 Kilogramm.
– Liegeräder sind doppelt so teuer wie gute Trekkingräder.
– Man kann sich kaum diskret und unbemerkt bewegen.

Der Sinn eurer Reise bestand vor allem darin, eine Dokumentation über nachhaltig produzierte Lebensmittel zu drehen. Wie kamt ihr darauf?

Umweltverträglich ezeugte Lebensmittel haben uns immer schon viel bedeutet. Schritt für Schritt änderten wir unsere Ernährungsgewohnheiten, aßen mehr regionale Öko-Produkte und weniger Fleisch. Weltweit verursacht die Herstellung von Lebensmitteln ein Drittel der Treibhausgase. Ändert man die Produktionsmethode, können die CO_2-Emissionen drastisch gesenkt werden.

Einige Dokumentationen hatten einen großen Einfluss auf unseren eigenen Lebensmittelkonsum. Und da wir selbst das Know-how haben, wie man Filme macht, wollten wir einen eigenen Beitrag dazu leisten, die Situation zu verbessern. Überall auf der Welt gibt es großartige Umweltinitiativen. Über sie wollten wir berichten und dadurch weitere Menschen in Frankreich dazu anregen, ihr Konsumverhalten zu ändern.

Die Cordillera Huayhuash in Peru. Ein anstrengender Tag in großer Höhe! ^

Wir erreichten den Zeltplatz, als es schon dunkel wurde und zu schneien begann. >

Wenn man als Paar auf zwei Rädern reist, kommt es dann nicht zu Problemen, weil der eine langsamer fährt als der andere? Wie seid ihr damit umgegangen?

S: Dies war wirklich ein ständiges Streitthema. Wenn man es selbst nie erlebt hat, kann man sich nicht vorstellen, wie nervenaufreibend es ist, lange Zeit mit jemandem unterwegs zu sein, der – vor allem bergauf – ein völlig anderes Tempo fährt. Ich hatte den Eindruck, dass Kalima durchaus schneller fahren konnte. Aber jedes Mal, wenn ich sie anspornte, sich mehr anzustrengen, wurde sie sauer.

Wir probierten vieles aus: zum Beispiel ein Seil zwischen den Rädern – ein Riesenfehler! –, mehr Gepäck auf mein Rad oder Schiebehilfe am Berg. Wir dachten sogar über ein Tandem nach. Das Problem löste sich nach acht oder neun Monaten: Ich war endlich geduldiger geworden, und Kalima hatte mehr Kondition, wodurch sie schneller wurde.

Wie bewährten sich die Liegeräder auf unbefestigten Straßen sowie bei den ständigen Anstiegen und Abfahrten in den Anden?

Wir waren dort gemeinsam mit anderen Leuten auf konventionellen Rädern unterwegs und hielten etwa dasselbe Tempo. Die gute Federung unserer Liegeräder machte es manchmal einfacher, unbefestigte Straßen bergab zu fahren. Glücklicherweise hatten wir vor den Anden bereits ein achtmonatiges Training in Nord- und Mittelamerika hinter uns, sodass wir gut vorbereitet waren. Die Herausforderung war für uns nicht größer als für die anderen Radfahrer.

Ihr habt auf eurer Reise unter Lebensmittelvergiftungen gelitten. Wie habt ihr sie behandelt?

Ja, verdorbene Lebensmittel machten uns gesundheitlich Probleme. Zuerst nahmen wir keine Antibiotika, sondern nur Hausmittel wie Knoblauch, Aktivkohle, Heilerde, lokale Arzneien oder machten eine Reisdiät. Aber nach einer Woche fühlte sich Kalima so elend und hatte so viel Gewicht verloren, dass wir nicht weiterfahren konnten. Deshalb suchten wir einen Arzt auf. Später haben wir uns in ähnlichen Fällen sofort in einer Apotheke mit Medikamenten versorgt.

In Argentinien habt ihr auf einer Ökofarm mitgearbeitet. Wie kam es dazu und wie hat es euch gefallen?

Die Farm fanden wir bei HelpX, einer ähnlichen Plattform wie WWOOF oder WorkAway. Für freie Unterkunft und Verpflegung arbeitet man vier oder fünf Stunden am Tag. Die restliche Zeit kann man tun, was man will. Für uns war es die erste Erfahrung dieser Art, und alles lief prima. Zusammen mit zwei anderen Helfern blieben wir einen ganzen Monat. Es tat gut, länger an einem Ort zu sein. Dabei verbesserten wir unser Spanisch und lernten etwas über ökologischen Anbau. Wir waren so begeistert, dass wir das Ganze in Neuseeland wiederholten.

War es nicht sehr anstrengend, die Arbeit an eurer Dokumentation mit einer Radreise zu verknüpfen?

Das war es tatsächlich. Wir hatten uns kein Bild davon gemacht, wie schwer beides zu kombinieren sein würde. Wenn man mit dem Rad reist, investiert man seine ganze Energie ins Vorankommen. Deshalb konzentrierten wir uns nach Südamerika auf unsere Arbeit an der Dokumentation und verzichteten aufs Radfahren.

Wegen der Covid-19-Pandemie musstet ihr eure Tour, die in Kanada begann, in Südchile abbrechen. Seid ihr trotzdem stolz auf eure großartige Leistung?

Ja, wir sind sehr stolz auf das, was wir erreicht haben. Zu Beginn unseres Trips wussten wir nichts über Fahrräder, und jetzt haben wir 15 000 Kilometer darauf zurückgelegt.

Es war allerdings frustrierend, nach der Hälfte unserer Reise wegen der Pandemie abbrechen zu müssen. Wir waren von Patagonien nach Neuseeland geflogen, um dort weiter an unserer Dokumentation zu arbeiten. Dann mussten wir aber direkt nach Frankreich zurückkehren, ohne dort unsere Familien und Freunde sehen zu dürfen. Das alles kam uns äußerst unwirklich vor. Wir waren zwar nicht mehr unterwegs, fühlten uns aber auch nicht zu Hause.

CROCODILE
DUNDEE'S
WALKABOUT CREEK HOTEL
GREAT
BREWING CO.
JUNE 22

17

FAHRRADTYPEN

FALTRAD

@smartveganlife

Helena Wilhelm
Deutschland (1981)
Key Account Managerin

Oliver Wilhelm
Deutschland (1972)
Produktmanager

Our Tour:
von Darwin nach Brisbane, Australien (3 Monate)

UNSERE GESCHICHTE

Wir sind Oliver und Helena. Bei unserer Hochzeit beschlossen wir, in unseren Flitterwochen auf Weltreise zu gehen. Und zwar mit dem Rad – auf unbestimmte Zeit.

Das Leben musste mehr zu bieten haben, als täglich zur Arbeit zu fahren und zweimal im Jahr in Urlaub. Wir waren entschlossen, unsere Komfortzone zu verlassen, kündigten unsere Jobs, verkauften alles, was wir hatten, und meldeten unseren Wohnsitz in Deutschland ab. Dann stürzten wir uns ins Abenteuer, um neue Menschen kennenzulernen und uns neuen Herausforderungen zu stellen.

Zudem sind wir seit vielen Jahren Veganer und möchten so auch einen Beitrag leisten, diese Welt ein wenig besser zu machen. Gemeinsam starteten wir das Projekt »Smart Vegan Life« und berichten über unsere Reiseerlebnisse, um auch anderen einen Anstoß zu geben, sich auf die wirklich wichtigen Dinge im Leben zu konzentrieren.

Schon vor unserem Aufbruch benutzten wir täglich unsere Räder als Transportmittel und beherbergten viele Mitglieder des Warmshowers-Netzwerks. 2016 machten wir unsere ersten Radreisen durch Spanien und Deutschland. Ohne eine genaue Route geplant zu haben, begannen wir ein Jahr später unsere Weltreise. Der Weg war das Ziel.

Da wir mit vielen Schwierigkeiten zu kämpfen hatten, radelten wir bisher nur auf Mauritius, in Indonesien und in Australien, wo wir das Outback mit unseren Brompton H6R durchquerten.

Was motiviert euch, mit dem Rad zu reisen?

Vor allem das angenehme Reisetempo und die vielen Vorteile des Radfahrens. Man kommt schneller voran als zu Fuß, hat aber Zeit genug, seine Umgebung bewusst wahrzunehmen. Und man kann jederzeit anhalten. Außerdem bleibt man nicht so anonym wie im Auto oder auf einem Motorrad. Besonders auf einem Faltrad fällt man auf, und die Leute sprechen einen häufig an. Gerade dieser Kontakt zu Einheimischen ist uns viel wichtiger, als nur herrliche Landschaften zu erleben. Es geht uns nicht darum, Sehenswürdigkeiten abzuhaken, die auf unserer Bucketlist stehen – tatsächlich haben wir gar keine. Und außerdem ist Radfahren eine körperliche Aktivität, die einfach Spaß macht!

Eure ersten Trips habt ihr auf Trekkingrädern unternommen. Was hat euch dazu bewogen, für eure Australien-Tour Falträder zu wählen?

Wegen eines Todesfalls in der Familie mussten wir unsere Reise unterbrechen. Wir nutzten die Zwangspause dazu, unsere bisherigen Erfahrungen auszuwerten und zu überlegen, wie es weitergehen sollte.

Da wir typische Schönwetterradler sind, wollten wir flexibel sein, um unsere Radreise mit längeren Aufenthalten an bestimmten Orten kombinieren zu können. Nachdem wir auf Bali sieben Monate lang Yoga gemacht hatten und gesurft waren, hungerten wir wieder nach einem Radabenteuer und buchten einen Flug nach Darwin. Dafür schienen uns Falträder am besten geeignet, denn unsere Idealvorstellung war, auf dem Rücken einen Rucksack, in der einen Hand eine Tasche und in der anderen das zusammengeklappte Rad tragen zu können. Wir entschieden uns für zwei Brompton-Modelle.

Wichtig: Schutz vor der Sonne und der Hitze! ↖

Reifenpanne im Nirgendwo – 900 Kilometer entfernt von der nächsten Stadt. <

Was sind aus eurer Sicht die Vor- und Nachteile eines Faltrades bei einer solchen Tour?

Die Vorteile:
- Du kannst es in öffentlichen Verkehrsmitteln leicht mitnehmen und bist flexibeler.
- Die Gewichtsverteilung beim Gepäck ist besser.
- Der niedrige Schwerpunkt macht eine gute Straßenlage.
- Es ist leicht zu lagern und zu verstecken.
- Natürlich wurden die Brompton-Falträder nicht für so lange Touren entwickelt, dennoch taugen sie dafür. Auch wenn sie nicht perfekt sind, ist es erstaunlich, was sie leisten.

Die Nachteile:
- Der Verschleiß ist wegen der kleinen Räder höher.
- Du kannst den Lenker nur begrenzt verstellen.
- Ersatzteile sind teilweise nur schwer zu bekommen.

Wie haben sich die Brompton-Räder bewährt? Gab es viele Probleme mit den Reifen und der Kette oder andere Defekte? Wie habt ihr sie repariert?

Die Falträder erwiesen sich als sehr robust, wir konnten voll beladen bei bis zu 50 °C auf unbefestigten Straßen fahren. Ärger hatten wir vor allem mit den Schwalbe-Reifen, die nach nicht einmal 500 Kilometern Beulen bekamen und platzten. Das passierte uns viermal! Einen Ersatzreifen hatten wir dabei, aber die anderen mussten wir unterwegs bestellen und zu einem Warmshowers-Host liefern lassen.

Probleme bereiteten sonst nur die Ketten der Räder. Vor dem Australien-Trip hatten wir sie erneuert und gehofft, sie würden die anstehenden 4000 Kilometer halten. Aber schon nach der Hälfte hatten sie sich übermäßig gedehnt. Zum Glück fanden wir in einem Fahrradladen an der Route Ersatz.

Sich auf Reisen vegan zu ernähren kann in manchen Ländern schwierig sein. Wo hattet ihr die größten Probleme?

Als Veganer sind wir gewisse Schwierigkeiten mit dem Lebensmittelangebot gewohnt, die aber meist leicht auszuräumen sind, denn überall auf der Welt gibt es Reis, Kartoffeln, Gemüse und Früchte. Vor der größten Herausforderung standen wir im australischen Outback, weil dort traditionell vor allem Fleisch gegessen wird. Meistens mussten wir uns in Restaurants mit einem Beilagensalat und Pommes frites begnügen, was nicht sehr gesund war. Aber wenn wir Glück hatten, fanden wir einen Lebensmittelladen mit passendem Angebot, wo wir uns dann mit Proviant für bis zu zehn Tage eindeckten. Auf längere Sicht wäre das keine Lösung gewesen, aber während der drei Monate unseres Trips konnten wir uns damit arrangieren.

Zu Beginn eurer Reise hattet ihr eine absolut erstklassige Fotoausrüstung dabei. Später habt ihr dann nur mit dem Handy fotografiert. Wie kam es dazu?

Wir machten einen Anfängerfehler. Als wir zu unserer Weltreise aufbrachen, wollten wir sie optimal dokumentieren und legten uns eine Top-Kameraausrüstung zu.

Als wir dann mit unseren Rädern losfuhren, wogen diese jeweils mehr als 75 Kilogramm. Schon nach wenigen Tagen war klar, dass wir Gewicht »abwerfen« mussten. Vieles von unserer Ausrüstung verkauften wir und besorgten uns stattdessen einen kleinen Laptop und ein Smartphone. Die beste Kamera ist immer die, die man dabeihat, heißt es zu Recht. Unsere anfänglichen Ansprüche an die Dokumentation unserer Reise erwiesen sich als realitätsfern, denn schon das Radfahren allein bedeutet eine große Anstrengung. Wir mussten das erst buchstäblich auf die harte Tour lernen.

Wie denkt ihr nach eurem Australien-Abenteuer über gemeinsame Radtouren? Würdet ihr diesen Trip so wiederholen?

O: Alles im Leben hat seine zwei Seiten. Beim Radfahren ist es wichtig, seinen eigenen Rhythmus zu finden. Nach der Hälfte des Trips merkte ich, dass mir das nicht gelingen würde, weil ich mich immer an Helenas Tempo anpassen musste und hinter ihr fuhr, um die vielen überholenden Lastwagen im Auge zu behalten. Diese Situation machte mir auf die Dauer mehr und mehr zu schaffen. Und als Helena einmal wegen einer Fahrradpanne mit dem Bus fahren musste, bestätigte sich, dass ich allein viel schneller vorankam.

Auch dass wir wegen der Art unseres Reisens praktisch rund um die Uhr zusammen waren, erwies sich vor allem im australischen Outback zunehmend als Herausforderung. Was anfangs noch romantisch erschien, führte nach anstrengenden Wochen in der dortigen Abgeschiedenheit zu heftigen Konflikten. Wir waren sogar kurz davor, die Tour abzubrechen. Auf der anderen Seite erlebt man Glück viel intensiver, wenn man es teilt, und das war sehr oft der Fall. Deshalb: ja, ich würde unsere Reise wiederholen.

H: Die Fahrt durch das Outback empfand ich als eine Art meditativen Rückzug in mich selbst. Dabei lernte ich viel über mich und den Wert von Dingen, die uns sonst selbstverständlich erscheinen: tägliches Duschen, ein Bett, eine Toilette, gesundes Essen und besonders Wasser, das im Outback überlebenswichtig ist. Ja, ich würde die Tour noch einmal machen.

FATIGUE ZONE
TAKE A REST
AND REFRESH

ROAD TRAIN

OFFICE

eflow

18

FAHRRADTYPEN

E-BIKE

@pedelecadventures

Susanne Brüsch
Deutschland (1973)
Journalistin, Content Creator, Vortragsrednerin

Meine Touren:
durch die Sahara von Ouarzazate über M'hamid nach Guelmin, Marokko (1 Monat)
durch die Mongolei von Ulaanbaatar nach Charchorin (1 Monat)
Island-Challenge, von Seydisfjördur über Reykjavík nach Látrjabjarg und Seydisfjördur (1 Monat)
E-Bike Afrika, Teil 1, von Glasgow, Großbritannien, nach Paris, Frankreich (2,5 Wochen)
Sand to Snow, von Monterey nach Denver, USA (3 Monate)
E-Traction – The Trip, Teil 1, von Paris in die Pyrenäen, Frankreich (12 Tage)

MEINE GESCHICHTE

Seit 1997 habe ich beruflich mit Elektrofahrrädern zu tun, die damals in Europa noch ein Novum waren. Zu der Zeit studierte ich Sprachen an der Uni Heidelberg und jobbte auf Fahrradmessen, wo ich die wenigen E-Bikes präsentierte. Wann immer ich ihre Funktionsweise erklärte, wurden unverständliche Monstersätze daraus, weil es die entsprechende Terminologie noch nicht gab. Deshalb erfand ich den Begriff »Pedelec« – pedal electric cycle –, der sich dann in den internationalen Fachzeitschriften etablierte. Er fasst die Kombination von Muskelkraft und elektrischer Unterstützung in einem Wort zusammen. Indem ich Artikel über die Herkunft und den Zweck von Pedelecs schrieb, stieg ich in den Journalismus ein.

Als um 2008 herum die ersten E-Mountainbikes auf den Markt kamen, entschloss ich mich, von meinem herkömmlichen MTB auf ein E-MTB umzusteigen und auf Reisen zu gehen. Nach mehr als zehn Jahren Erfahrung mit dem Testen und der öffentlichen Präsentation von E-Bikes in Medien und Vorträgen führte ich im Jahr 2011 meine Leidenschaft und meinen Beruf zusammen, indem ich Pedelec Adventures gründete. In einem Blog berichte ich über meine mehrwöchigen Expeditionen durch Marokko, die Mongolei, Island und viele andere europäische Länder sowie durch die USA. Für mein neues Projekt »E-Traction – The Trip« habe ich weitere Ziele auf meiner Liste.

Was motiviert dich, mit dem Rad zu reisen?

Radreisen bedeuten für mich Freiheit. Und ich liebe es, mich in freier Natur körperlich zu betätigen. Man ist auf dem Rad schneller als zu Fuß, hat aber Zeit, auch kleine Details entlang des Weges wahrzunehmen.

Maßnahmen gegen den Klimawandel sind dringlicher denn je. Welche Rolle spielt das Fahrrad aus deiner Sicht dabei?

Fahrräder und E-Bikes tragen viel dazu bei, den Stadtverkehr klimafreundlicher zu machen. Gewiss benötigt man für die Produktion von Akkus Ressourcen und verursacht dabei Abfall, aber wenn E-Bikes Autos ersetzen, ist die Bilanz positiv.

Um auf den Klimawandel aufmerksam zu machen, arbeitete ich mit einer schottischen NGO zusammen und fuhr mit dem Aktivisten Bruce MacLeod auf einem E-Bike von Glasgow nach Paris. Wir hatten Anhänger mit Solarpanels, damit wir unsere Akkus mit Sonnenenergie aufladen konnten. In Paris stellten wir unser Projekt auf der UN-Klimakonferenz COP 21 vor und erhielten viel Aufmerksamkeit.

Viele Radfahrer halten E-Bikes für eine Art Betrug. Wie stehst du dazu?

Ich habe darüber endlos viele Diskussionen geführt! Die Haltung zu E-Bikes reicht von Begeisterung bis Hass. Ich erinnere mich, wie ein Typ in San Francisco, der mit dem Rad Blumen auslieferte, fasziniert mit einem unserer E-Bikes eine der steilen Straßen hinauffuhr. In Colorado erlebten wir das Gegenteil. An einer Steigung in den Rocky Mountains überholten wir mit unseren voll beladenen E-Bikes mühelos einige austrainierte Radfahrer, die verärgert reagierten. Ich hatte Verständnis dafür. Bei späteren Situationen kamen wir den Überholten zuvor und entschuldigten uns für unseren Vorteil.

Da ich über Tausende von Kilometern den Nutzen der Akku-Unterstützung erlebt habe, möchte sie nicht mehr missen, und das keineswegs aus reiner Bequemlichkeit. Die Wahl eines E-Bikes ist eine persönliche Entscheidung, der man mit Respekt und Toleranz begegnen sollte.

Mit welchen fünf Argumente würdest du versuchen, eingefleischte Skeptiker von E-Bikes zu überzeugen?

Du schaffst mehr Strecke in kürzerer Zeit: Statt mit dem Auto legst du auch mit einem E-Bike die täglichen 20 Kilometer bis ins Büro mühelos zurück. Denselben Vorteil genießt du beim Reisen und siehst an einem Tag viel mehr.

Das Fahren ist weniger anstrengend: Du muss zwar noch in die Pedale treten, entscheidest aber selbst, wie viel Unterstützung du in Anspruch nimmst.

Das Alter ist kein Problem: Auch wenn du in die Jahre gekommen bist, bewegst du dich leicht durch die Natur.

Du kannst, egal mit wem, gemeinsame Touren unternehmen: Jung und Alt haben keine Ausrede mehr, um nicht mitzukommen. Dank der unterschiedlichen Unterstützungsmodi muss auch niemand mehr auf andere warten oder fürchten, hinterherfahren zu müssen.

Schnell fahren ist sexy: Man braucht keinen Ferrari, um durch Tempo Eindruck zu machen!

Deine Sand-to-Snow-Tour in den USA war ein großer Erfolg. Welche Erfahrungen hast du dabei mit dem E-Bike gemacht?

Yosemite, Death Valley, Zion, Bryce Canyon, Grand Canyon: Die Sand-to-Snow-Tour war ein klassischer US-Roadtrip – auf einem E-Bike. Wir starteten beim Sea Otter Classic, einem Bike-Festival in Monterey an der kalifornischen Pazifikküste, und fuhren 5000 Kilometer bis Denver im Herzen Colorados. Vom niedrigsten Punkt Nordamerikas bis zu den höchsten Bergen im Westen bewältigten wir 60 000 Höhenmeter.

Man kann fast überall in den USA wild zelten, aber wir steuerten jeden zweiten Abend einen Campingplatz an, damit wir unsere Akkus aufladen konnten. Das erforderte ein wenig Planung. In Kalifornien, Nevada, Arizona, Utah und Colorado betrugen die Distanzen zwischen den Plätzen selten mehr als 100 Kilometer. Jeder von uns hatte drei 400-Wh-Akkus dabei, mit denen wir 150–180 Kilometer weit kamen – je nach Terrain, Unterstützungsstufe und dem Gewicht unseres Gepäcks. Unsere Tagesetappen lagen zwischen 50 und 160 Kilometern.

Bei Reisen mit dem E-Bike erweist sich vor allem der Transport der Akkus als kompliziert. Wie hast du früher deine E-Bikes nach Island oder in die Mongolei verfrachtet?

Der Transport der Akkus ist wirklich der nervenaufreibendste Teil einer E-Bike-Reise. Der Grund dafür: Die üblicherweise verwendeten Lithium-Ionen-Akkus werden als Gefahrgut eingestuft. Das bedeutet für den Transport eine Menge Auflagen und Papierkrieg.

Als ich 2012 in die Mongolei flog, gab ich das Rad als Gepäck auf, versandte die Akkus aber getrennt. Obwohl es damals in der Mongolei ein Embargo gegen Gefahrgüter gab, konnten wir dank unseres Projektpartners die Akkus schließlich in Empfang nehmen. Wir mussten dafür »nur« 500 Dollar beim Zollamt in Ulaanbaatar bezahlen.

Nach Island gelangten wir von Dänemark aus mit der Fähre. Und bei unserer Sand-to-Snow-Tour in den USA ließ unser Partner die Bikes nach Kalifornien einschiffen. Ich habe auch schon von anderen Reisenden gehört, dass sie den Atlantik mit einem Containerschiff überquert und dabei ihre Pedelecs mitsamt Akkus mitgenommen haben.

Am einfachsten ist es, E-Bikes am Startpunkt der geplanten Tour zu mieten, falls das möglich ist. Ansonsten gibt es Firmen, die sich darauf spezialisiert haben, den Transport zu organisieren. Das macht bei Privatpersonen allerdings einigen Aufwand und verursacht recht hohe Kosten.

Die Sorge eines jeden E-Bikers: Was machst du, wenn der Akku leer ist?

Ich trete weiter in die Pedale! Natürlich muss man beim Kauf eines E-Bike darauf achten, dass es auch ohne Motor gut läuft. Dazu braucht es eine gute Schaltung mit genügend Gängen für die Straßen und Trails, die man befahren will, sowie eine optimale Rahmengeometrie.

Kontrollinstrumente zeigen den Ladezustand des Akkus an. Ist er zu niedrig, um das Ziel zu erreichen, wählt man eine niedrige Stufe und verlängert so die Reichweite. In bewohnten Gegenden kann man an Restaurants, Cafés, Läden oder Tankstellen eine Pause einlegen. Wenn man deren Besitzer freundlich fragt, haben sie meist nichts dagegen, wenn man dort den Akku auflädt.

Fährt du auch weiterhin Räder ohne Motorhilfe? Oder folgst du dem Motto: einmal E-Bike, immer E-Bike?

In Berlin und Umgebung bin ich auch weiterhin mit meinem herkömmlichen Mountainbike unterwegs. Aber es stimmt schon: Hat man sich einmal an die elektrische Unterstützung gewöhnt, will man sie nicht mehr missen. Deshalb wähle ich für Reisen immer ein Pedelec, genauer: ein Speed-Pedelec. Das ist bis zu 45 Stundenkilometer schnell – oder wenigstens 32 Stundenkilometer, mehr sind in den USA nicht erlaubt. Damit ist man auf einem E-Bike flott und angenehm unterwegs.

Auf Tour durch die Mongolei mit einem E-Bike und einem Solaranhänger. ↗

Mongolische Klosterschüler bei der Untersuchung unserer E-Bikes. >

DELITE

19

FAHRRADTYPEN

EIGENBAU

@thomas_schenker_adventure

Thomas Schenker
Deutschland (1986)
Lehrer, Fotograf

Meine Tour:
von Friedrichshafen nach Peking, China (9 Monate)

MEINE GESCHICHTE

Schon als Schüler träumte ich von großen Reisen mit dem Rad auf der Panamericana oder der Seidenstraße. Doch ich begann mit ein paar kurzen Touren, von denen ich die beiden ersten auch noch vorzeitig abbrach. Mein erster Trip führte mich von meiner Heimatstadt nach Frankreich. Als mich dort am zweiten Abend Freunde besuchten, merkte ich, wie einsam ich mich dabei gefühlt hatte, möglichst viele Kilometer runterzureißen. Am Ende lud ich mein Rad ins Auto und fuhr mit zurück. Bei meinem zweiten Anlauf wollte ich nach Luxemburg. Nach wie vor dachte ich, bei einer Radreise gehe es vor allem darum, viel Strecke zu machen. Aber die mir zur Verfügung stehende Zeit reichte nicht, um die große Entfernung zu schaffen. Erschöpft und enttäuscht bat ich meine Eltern, mich abzuholen. Auf dem Rückweg dachte ich, dass Radtouren einfach nichts für mich seien.

Dennoch träumte ich weiter von einer großen Radreise. Zehn Jahre später trat ich dann östlich der Seidenstraße in die Pedale. Diesmal war ich aber nicht auf die zurückgelegten Kilometer fokussiert, sondern auf die Landschaft ringsum.

Was motiviert dich, mit dem Rad zu reisen?

Das ungefilterte Erleben der Umgebung, durch die ich fahre, und die Möglichkeit, an schwer erreichbare Orte zu gelangen. Auf dem Rad kommt man außerdem leicht mit Leuten in Kontakt, da man – anders als im Auto – nicht einfach an ihnen vorbeibraust.

Du brachst mit deinem alten Mountainbike auf, aber in der Türkei wechseltest du das Rad. Warum?

Ich wollte den Nebenstrecken der Seidenstraße folgen. Das bedeutete unbefestigte Straßen, zerklüftete Trails und loser Sand in Steppen und Wüsten. Ich träumte davon, über Dünen zu fahren, auf denen es keinerlei Wege gab. Für die schmalen Trails in den Alpen und dem Dinarischen Gebirge war mein Mountainbike perfekt geeignet, nicht aber für die asiatischen Steppen und Wüsten. Dort brauchte ich breitere Reifen, die nicht im Sand stecken blieben.

Du wolltest dir aus Bambus selbst ein Fatbike bauen. Wusstest du denn, wie man einen Rahmen konstruiert? Und legtest du besonderen Wert auf bestimmte Bauteile?

Anfangs hatte ich nicht die Absicht, selbst ein Rad zu bauen, weil mir die Kenntnisse dazu fehlten. Ich wusste nur, dass ich ein Bike aus Bambus wollte, weil ich den Look toll finde und Bambus ein nachhaltiger Rohstoff ist. Aber es gibt nur wenige derartige Fatbikes auf dem Markt.

Als ich dann auf die Workshops von BAM Original stieß, reizte mich die Idee doch, unter Anleitung ein individuelles Rad zu bauen. Zudem bot BAM mir an, meinen Rahmen zu sponsern! Was ich unbedingt wollte, war die Rohloff-Schaltung Speedhub XL, weil ihr Sand nichts anhaben kann. Und nach 1000 Kilometern auf der Straße verlangte mein wunder Hintern nach einem komfortablen Brooks-Sattel.

Was sind die Vorteile eines selbst gebauten Rads? Und welche Risiken geht man ein?

Es ist ein großartiges Gefühl, ein echtes Einzelstück zu fahren, das man mit den eigenen Händen gebaut hat. Dadurch hat man ein ganz besonderes Verhältnis zu seinem Rad. Das größte Risiko besteht darin, dass man nicht sorgfältig gearbeitet hat und das Rad irgendwo am Ende der Welt kaputtgeht. Mit der Gefahr muss man leben, wenn man nicht mit einem vielfach erprobten Modell unterwegs ist, sondern mit einem Prototyp.

Mein Fatbike was das erste, das bei BAM Original entstand. Wir stellten beim Planen und Bauen fest, dass bei den Dimensionen eines Fatbikes konstruktiv vieles anders sein muss als bei einem konventionellen Rad. Deshalb dauerte alles länger als gedacht, und am Ende fehlte die Zeit für einen gründlichen Test. Das sollte sich rächen. Nach zwei Wochen in der Türkei musste ich zurückfliegen, um die Aufnahme für die Hinterradachse zu tauschen, die den Beanspruchungen nicht standgehalten hatte. Nach dieser Unterbrechung bereitete das Rad jedoch während der gesamten Asien-Tour keine größeren Probleme mehr und wartet heute auf weitere Einsätze.

< *Die Menschen, die ich entlang meiner Route traf, erfüllten die Reise mit Leben. Landschaften und Städte beeindrucken, doch erst ihre Bewohner verleihen ihnen eine Seele.*

An welche Nacht im Zelt erinnerst du dich am liebsten?

Nicht in liebster, aber unvergesslicher Erinnerung ist mir die zweite Nacht meiner Tour geblieben. In der Nähe von Immenstadt im Allgäu schlug ich mein Zelt auf einer Weide auf, die oberhalb eines Sees am Fuße der Alpen liegt. Ein herrlicher Flecken Erde! In der Dämmerung muss ich wohl übersehen haben, dass ich mein Zelt direkt auf einem Kuhfladen aufgebaut hatte. Am nächsten Morgen versuchte ich, den Boden gründlich zu reinigen, doch es dauerte Wochen, bis der Gestank weniger wurde. Immer, wenn es regnete, roch es wieder stärker und erinnerte mich an die Nacht im Allgäu. Und natürlich regnete es auch in der allerletzten Nacht der Tour, als ich im Garten einer Tankstelle in Peking kampierte.

Bei welchen deiner vielen Grenzübertritte hattest du die größten Schwierigkeiten?

Die Überquerung des Kaspischen Meers mit der Fähre von Aserbaidschan nach Kasachstan dauerte viele Stunden. Schwer bewaffnete Grenzsoldaten kamen mit Hunden an Bord, und alle Passagiere mussten Schlange stehen, ihr Gepäck komplett auspacken und durchsuchen lassen. Doch teilweise war das Beschaffen von Visa nervenaufreibender als der Grenzübertritt selbst. Turkmenistan verweigerte mir schlicht die Einreise, was einen Umweg von 2000 Kilometern bedeutete.

Welcher Abschnitt der gesamten Route gefiel dir am besten?

Der Iran faszinierte mich, weil das Land politisch und kulturell eine andere Welt ist und wegen der unglaublichen Gastfreundschaft dort. In Usbekistan sah ich die schönsten Bauwerke an der gesamten Seidenstraße. Die kirgisische Hochebene mit dem Bergsee Songköl bot eine fantastische Kulisse zum Radfahren. Und die Region um Almaty in Kasachstan begeisterte mit ihrer landschaftlichen Vielfalt. Doch mein absoluter Favorit war das Dünenfeld in der Wüste Gobi, denn dafür hatte ich mir mein Fatbike gebaut. Ohne vorher zu wissen, ob ich überhaupt in der Lage sein würde, dort mit einem schwer beladenen Rad fahren zu können, und nachdem ich im Iran bereits in einen Sandsturm geraten war, bildete diese Etappe die wohl abenteuerlichste und aufregendste meiner ganzen Reise.

Was würdest du Leuten raten, die ebenfalls mit dem Gedanken spielen, sich selbst ein Rad zu bauen, anstatt sich ein Serienmodell zu kaufen?

Wenn du gern etwas konstruierst und weißt, wie es geht, dann tu es! Wenn du gern etwas konstruierst, aber nicht weißt, wie es geht, dann such dir einen Experten, der sein Handwerk versteht und dir hilft! Auf jeden Fall ist es etwas Besonderes, ein selbst gebautes Rad zu fahren. Aber natürlich ist nichts dagegen einzuwenden, sich ein konventionelles Rad zu kaufen oder das zu nehmen, das ohnehin im Keller steht. Genau das tat ich bei meiner ersten Tour in Europa.

Du bist ein Abenteurer, der früher auf viele verschiedene Arten gereist ist. Was ist aus deiner Sicht das Besondere daran, wenn man die Welt als Radfahrer erlebt?

Es kostet nicht viel. Du hast die Freiheit, beinahe überall hinzukommen. Das Reisetempo ist perfekt, um die Landschaft langsam vorbeiziehen zu sehen. Man kommt den Leuten nahe und deshalb leicht ins Gespräch. Und du bist unglaublich flexibel. Du kannst dein Rad mitnehmen, wenn du eine Strecke mit dem Bus, Zug, Flugzeug oder der Fähre zurücklegst. Als Anhalter packst du dein Rad einfach hinten ins Auto! Oder du bindest dein Rad auf ein Kanu oder Floß und paddelst ein Stück. Du kannst auch wandern und dein Rad dabei schieben. Ein Fahrrad ist ein perfektes Allround-Transportmittel!

20

FAHRRADTYPEN

FATBIKE

@a_girl_outside

Annie Lloyd-Evans
Schottland (1989)
Outdoor-Coach

Meine Touren:
Island (3 Wochen)
von Kangerlussuaq nach Sisimiut, Grönland (1 Woche – abgebrochen wegen Covid-19)

MEINE GESCHICHTE

Meine Neugier hat mich stets angetrieben, Dinge zu erkunden. Schon als Kind wanderte ich auf eigene Faust an der Küste herum, bis meine Eltern die Polizei riefen, um mich zu suchen. Als Teenagerin lief ich noch vor Schulbeginn oft mehrere Meilen. Mit 18 suchte ich mir einen Job in Australien. Dabei entdeckte ich das Trampen und lernte später so große Teile Europas und viele fantastische Menschen kennen. Das Radfahren war die logische Folge meiner Reiselust, denn man gelangt mit wenig Planungsaufwand an viele Orte. Während des Studiums entdeckte ich das Mountainbiking und die Berge für mich. Bei Touren durch die nähere Umgebung merkte ich, dass ich auch größere Strecken auf rauen Gebirgspfaden zurücklegen und dabei ungestört die Natur genießen konnte. Das ist bis heute der wichtigste Beweggrund für meine Trips.

Was motiviert dich, mit dem Rad zu reisen?

Ich liebe den Frieden und die Ruhe bei einer Radreise. Früher war ich als Tramperin unterwegs, musste mich aber auf vollen Straßen immer nach den Plänen anderer richten. Erst meine Radtouren ermöglichten mir die ersehnte Selbstständigkeit und Freiheit. Das geringe Tempo erlaubt mir, alle Geräusche und Gerüche der Umgebung sowie jede Veränderung des Terrains ganz bewusst wahrzunehmen. Mit dem Rad erreiche ich auch entlegenste Landschaften. Und ich finde es leichter, ein schweres Rad zu bewegen, als einen vollen Rucksack zu schleppen.

Du machst viele Reisen mit deinem Fatbike. Welche Vor- und Nachteile hat dieser Fahrradtyp?

Fatbikes sind unglaubliche Abenteuermaschinen. Mit den dicken Reifen kannst du noch fahren, wenn es keinen Pfad mehr gibt, unabhängig davon, ob du auf Schnee, Sand oder felsigem Grund unterwegs bist. Mit keinem anderen Rad hätte ich meine Touren machen können. Natürlich kostet es sogar bei flachen Etappen viel Kraft, wenn man mit einem beladenen Fatbike auf Schnee oder weichem Untergrund fährt. Ein Nachteil ist, dass man deutlich weniger Kilometer schafft als auf Schotter oder Trails. Auch auf Straßen sind Fatbikes relativ langsam, und die Reifen sind nicht nur schwerer, sondern auch teurer als bei anderen Fahrrädern. Aber die Touren, die nur mit ihnen möglich sind, lohnen jeden Kompromiss.

Dampf, der aus dem heißen Wasser eines isländischen Bachs aufsteigt. <

Beim Genießen der arktischen Sonne Lapplands. v

Fatbikes zeigen ihre Stärke vor allem auf weichem Untergrund. Welches Terrain bevorzugst du? Und warum?

Ich fahre am liebsten auf Schnee. Je nach Beschaffenheit – ob verharscht, als weicher Pulverschnee oder Firn – klingt er anders. Wenn ich genau hinhöre, führt mich der Klang auf die dichteste und sicherste Schneedecke. Außerdem liebe ich die Freiheit, bei guten Bedingungen überall hinfahren zu können, ohne mir über Trails Gedanken machen zu müssen. Die Beschaffenheit des Schnees kann sich im Handumdrehen ändern, wenn Wind aufkommt, sich die Temperatur ändert oder es zu schneien beginnt. Deshalb ist jeder Tag anders.

In Schottland haben wir die Cairngorms, eine Berggruppe, die ich liebe. Im Sommer kann man dort auf mittlerem Schwierigkeitsniveau herrliche mehrtägige Touren machen und im Winter bei – selten – gutem Wetter zu den schneebedeckten Gipfeln fahren.

Wie findest und planst du neue Routen?

Wir benutzen große Übersichtskarten, um interessante Gebiete ausfindig zu machen. Außerdem lesen wir viele Blogs und suchen nach ansprechenden Fotos. Wie bei unserer Grönland-Tour kann ein einzelnes Bild den entscheidenden Impuls geben. Danach zoomen wir in Satellitenbilder hinein, um eine konkrete Vorstellung vom Terrain und der Befahrbarkeit der Route zu bekommen. Natürlich ist nicht alles planbar, vor allem wenn man abseits aller Trails winterliche Offroad-Touren unternimmt. Die Schneeverhältnisse können sich extrem schnell ändern. In der einen Woche sind die Bedingungen gut und alle haben Spaß, in der nächsten ist alles ein Desaster. Man braucht eben auch Glück.

Für deine Touren in Regionen, wo die Temperaturen selten über den Gefrierpunkt steigen, ist eine gute Ausrüstung überlebenswichtig. Worauf achtest du besonders?

Lenkerhandschuhe sind wichtig, denn in der Kälte muss man auf seine Hände achten. Daneben braucht man natürlich einen Schlafsack und eine Isomatte, die den Temperaturen entsprechen. Nachts zu frieren ist nicht nur unangenehm, sondern wegen der drohenden Unterkühlung auch gefährlich. Dann warme Stiefel, denn wie bei den Händen holt man sich auch an den Füßen leicht Erfrierungen. Ganz wichtig ist eine gute, isolierende Jacke, die man bei Bedarf über die anderen Kleidungsschichten zieht und die beim Kampieren warmhält. Außerdem bin ich ein Fan von Primaloft-Isolierhosen, da man über die großen Muskelpartien rings um die Hüften viel Körperwärme verliert.

Zelten bei Kälte ist spannend. Wie wird sich meine Ausrüstung bewähren? Wie werde ich mich fühlen und wie viel Paar Handschuhe werde ich brauchen? Man lernt so viel, wenn man bei Minusgraden kampiert. Ich liebe das!

Du bist im Winter schon in Island und in Grönland mit dem Rad unterwegs gewesen. Dazu braucht man viel Erfahrung. Wie hast du sie dir erworben?

Ich bin ausgebildeter Outdoor-Coach. Dazu muss man in Großbritannien viele Lehrgänge und Prüfungen absolvieren. In Schottland erlebten wir bei zahlreichen kürzeren Touren am eigenen Leib, was alles schiefgehen kann, wenn man im Winter Rad fährt oder bei viel Wind zeltet. Außerdem habe ich vor der Islandreise viel recherchiert. Bei diesem ersten längeren Winter-Trip habe ich eine Menge gelernt. Dadurch war ich auf die größeren Herausforderungen in Schweden und Grönland gut vorbereitet.

Welche Regionen hast du noch auf dem Schirm?

Die weiten Landschaften in der Mongolei und in Kasachstan ziehen mich magisch an. Vielleicht mache ich auch mal Strandtouren, wo es warm und sonnig ist. Und die Arktis bietet sommers wie winters viele reizvolle Möglichkeiten.

21

FAHRRADTYPEN

BIKERAFTING

@republicofdoom

Steve Fassbinder
USA (1974)
Fotograf, Markenbotschafter, Handwerker

Meine Touren:
Alaskas Lost Coast – Südteil, von Yakutat zum Glacier Bay Basin, USA (11 Tage)
Alaskas Lost Coast – Nordteil, von Cordova zur Icy Bay, USA (9 Tage)
Brooks Range, vom Atigun Pass zur North Slope, USA (9 Tage)
Wrangell Mountains, von Nabesna nach McCarthy, USA (9 Tage)
von Chorugh nach Kalaikhum, Tadschikistan (3 Wochen)

MEINE GESCHICHTE

Seit ich Rad fahren kann, ist dies die Quelle meiner Freiheit. Schon früh erweiterte ich meine Welt, indem ich Tag für Tag längere Touren machte. Als junger Mann nahm ich dann an Langstreckenrennen teil, um die Grenzen meiner körperlichen Leistungsfähigkeit auszuloten. All dies und mein Fernweh bildeten die Grundlage für mein Leben auf dem Fahrradsattel. Während meiner fünf Jahre als Fahrradbote in Portland (Oregon) und Denver (Colorado) baute ich diese Basis noch aus. Das Fahrrad ist ein Instrument für Entdeckungsfahrten, die ich in den chilenischen Anden, Zentralasien, Europa, Alaska und in meiner Heimat, dem Südwesten der USA, in schwierigstem Terrain unternahm. Dabei setzte ich eine Geheimwaffe ein, um auch wilde Gewässer zu bewältigen: ein aufblasbares Schlauchboot. Mit ihm und meinem Rad bin ich meiner Leidenschaft gefolgt und habe es aus eigener Kraft bis in die entlegensten Winkel der Welt geschafft.

Mit Ashley Carruth beim Auskundschaften einer Möglichkeit zum Queren der Good Hope Bay. ^

Cara Kropp, Jon »Fucking« Bailey und Ashely Carruth vor frischem Wüstenlack an den Felswänden des Lake Powell. >

Was motiviert dich, mit dem Rad zu reisen?

Die Umweltverträglichkeit dieser Art des Reisens und die Begegnungen mit Leuten, die ich nicht getroffen hätte, wenn ich mit dem Auto, der Bahn oder dem Flugzeug unterwegs gewesen wäre. Auf dem Rad exponiert man sich auf eine Art und Weise, die allem Anschein nach andere neugierig macht.

Wie bist du zum Bikerafting gekommen? Wann und wo hast du es zum ersten Mal ausprobiert?

Ich hörte 2010 von einem Trip, den Eric Parsons von Revelate Designs an der Küste Alaskas unternommen hatte. Als ich die Möglichkeiten erkannte, die sich aus der Kombination von Rad und Packraft ergaben, beschaffte ich mir sofort eines dieser ultraleichten und robusten Schlauchboote. Dann plante ich den Winter über eine große Tour durch das südliche Utah, die nur mit dieser Kombination zu schaffen war.

Welche Art von Packraft verwendest du? Welche Marken sollte man sich vor dem Kauf ansehen?

Ich würde mit einem Einsteigermodell beginnen, das bereits extrem leistungsfähig ist. Ich selbst habe in den letzten zwölf Jahren mit Booten der Alpacka-Serie von Alpacka Raft viele große Touren erfolgreich absolviert.

Was schätzt du am Bikerafting am meisten und was am wenigsten?

Das – eher unwahrscheinliche – Problem, mit dem Bike am Ende einer Schlucht wegen eines Flusses in einer Sackgasse zu enden, kann mit einem Boot und einem Paddel leicht gelöst werden. Allerdings kann das Ganze zu einem kalten, nassen und auch gefährlichen Abenteuer werden.

Sicherheit spielt auf dem Wasser eine große Rolle. Hast du ein paar Tipps für Bikerafting-Anfänger?

Fangt klein an! Lernt von jemandem, der Bootserfahrung hat, auf einem Fluss die Grundlagen. Mit der nötigen Sicherheit und Ausdauer könnt ihr dann euren ersten Bikerafting-Trip unternehmen.

Die meisten deiner Routen verlaufen durch abgelegene Regionen. Wie planst du deine dortigen Touren? Woher weißt du, ob ein bestimmter Flussabschnitt für Boote sicher ist?

Heutzutage kommt man relativ leicht an Informationen über Flüsse, deren Gefälle und Wasserstände. Will man aber an einen Ort, über den keine Berichte vorliegen, hilft Google Earth. Plant man zum Beispiel, zehn Kilometer auf einem Fluss zu fahren, der auf dieser Strecke ein Gefälle von 300 Metern hat, wären das im Durchschnitt 30 Meter auf einen Kilometer. Das ist für Bikerafting zu steil! Selbst 15 Meter Gefälle auf einen Kilometer Strecke sind noch zu viel. Außerdem muss man auf besonders enge und zerklüftete Passagen achten.

Du stürzt dich nicht nur in große Bikerafting-Abenteuer, sondern auch in kleine. Welches davon bevorzugst du und warum?

In der Nähe gibt es einen Fluss in der Wüste, auf dem ich im Frühjahr die Saison eröffne. Er ist abgelegen und wild, aber seinen Namen verrate ich nicht!

Deine Fotos sind legendär. Ist es nicht schwer, Rad oder Boot zu fahren und gleichzeitig Fotos zu schießen?

Das ist eine Herausforderung, der ich mich voller Leidenschaft stelle. Ja, es kann anstrengend sein. Aber wenn man Glück hat und tolle Ergebnisse erzielt, wird man für alle Mühen belohnt.

In den letzten Jahren bist du oft nach Alaska zurückgekehrt. Was fasziniert dich dort so sehr am Bikerafting?

Die Urwüchsigkeit und das schwierige Terrain sind in den USA einzigartig. Außerdem lockt mich die Vielfalt der Landschaften immer wieder nach Alaska.

Du machtest auch einen spannenden Trip nach Tadschikistan. Warum gerade dorthin?

Im Jahr zuvor war ich in Pakistan gewesen, und ich wollte wieder nach Zentralasien. Dieses Mal sollte der Trip aber fahrradfreundlicher sein und viele Möglichkeiten zum Bikerafting bieten. Tadschikistan eignete sich perfekt dafür.

Welche Begegnungen mit Tadschiken sind dir unvergesslich geblieben?

Da gab es viele. Außergewöhnlich war eine Begegnung mit zwei Jungen im Alter von etwa sechs und zehn Jahren, die auf alten Eseln unterwegs waren. Ich hatte gerade eine Packraft-Etappe auf dem Fluss Istyk abgeschlossen und saß wieder auf dem Rad. Dann sah ich in der Ferne zwei Reiter, die sich auf einem anderen Weg winkend auf mich zubewegten. Als wir alle haltmachten, erwiesen sich die beiden Reiter als kleine, aber unerschrockene Jungs. Ich schenkte ihnen Süßigkeiten und Fotos, die ich mit meiner Polaroidkamera gemacht hatte. Im Tausch erhielt ich von dem Älteren eine handgemachte Flagge Tadschikistans, die ich an meinem Lenker befestigte, wo sie den Rest der Reise über blieb.

Welche Orte stehen für deine nächsten Bikerafting-Touren ganz oben auf deiner Bucketlist?

Meine Pläne richten sich vor allem nach den jeweiligen Wasserständen der Flüsse und der Bezahlbarkeit von Flügen. Darüber hinaus gebe ich jetzt keine Hinweise.

v *Gummibärchen – meine Belohnung auf einer Etappe in Tadschikistan.*
Die Kette der Freiheit, Tadschikistan.

BLACK SUN

whike

22

FAHRRADTYPEN

WHIKES (WIND & BIKES)

@wheelsonwind

Jakoba van der Mei
Niederlande (1987)
Investmentmanagerin bei einem Nachhaltigkeitsfond

Matthijs Poorthuis
Niederlande (1986)
Finanzmanager bei einer Solarfirma

Unsere Tour:
von Alaska, USA, nach Panama (9 Monate)

UNSERE GESCHICHTE

Wir, Matthijs und Jakoba, fuhren in unseren Flitterwochen von Alaska nach Panama, und zwar auf sogenannten Whikes. Das sind mit einem Segel ausgestattete Liegedreiräder. Viele Leute hatten uns geraten, erst den Trip zu machen und dann zu entscheiden, ob wir noch heiraten wollten. Wir haben die Reise überlebt – und sind noch zusammen!

Vor unserem Aufbruch arbeiteten wir im Bereich erneuerbarer Energien. Nachhaltigkeit spielte bei unserer Reise eine zentrale Rolle. Und wir wollten damit auch andere zu umweltverträglichen Abenteuern animieren. Die Idee zu unserer Tour wurde in Indien geboren, wo wir ein Jahr gelebt hatten. Dort entschlossen wir uns, ein weiteres Jahr im Ausland zu verbringen, aber ohne arbeiten zu müssen. Erst dachten wir daran, mit einem Wohnwagen loszufahren. Doch dann kamen wir aufs Radfahren als ökologisch überzeugendste Art des Reisens. Jakoba musste sich zwar erst an den Gedanken gewöhnen, aber je häufiger wir fortan in die Pedale traten, desto sicherer waren wir uns unserer Sache.

Auf dem Weg wollten wir erfahren, was die Leute über den Kampf gegen den Klimawandel dachten und Initiativen für mehr Nachhaltigkeit besuchen. Daher gab es vor und während unserer ersten langen Radreise viel zu planen. Vermutlich hat niemand jemals eine längere Tour auf Whikes unternommen. Wir fordern alle auf, unseren Rekord zu brechen!

Was motiviert euch, mit dem Rad zu reisen?

– Ohne trennendes Autoblech mit anderen in Kontakt zu kommen. Interessierte Menschen sprechen einen einfach an und fragen, woher man kommt und wohin man will.

– Alles sehr intensiv zu erleben: die Umgebung, die Anstrengung an einer Steigung, die Gerüche ringsum, den Sonnenschein ebenso wie den Wind und den Regen.

– Entschleunigt zu reisen ermöglicht dir, Land und Leute näher kennenzulernen. Das ist etwas völlig anderes, als wenn du von einer Sehenswürdigkeit zur nächsten hastest.

– Das Gefühl der Freiheit, wenn du morgens deine Ausrüstung zusammensuchst, keine Spuren hinterlässt und voller Neugier weiterfährst, was dir die nächste Etappe beschert.

Wie seid ihr auf die Whikes und diese ausgefallene Art des Reisens gekommen?

M: Per Zufall stieß ich im Internet auf die Whikes. Auf der Website gab es ein paar Videos, und es wirkte irgendwie cool, so zu reisen. Da die Whikes in den Niederlanden erfunden wurden und dort auch gebaut werden, verabredeten wir uns für eine Testfahrt. Statt in einem typischen Fahrradladen fanden wir Fredjan Twigt, den Erfinder, und seine Werkstatt in einer Öko-Kommune. In der Nähe von Bergen machten wir unsere ersten Ausflüge und waren sofort begeistert!

Wie Fredjan sagt: »Für mich stehen die Whikes für Freiheit. Dazu gehört auch, keinen CO_2-Abdruck zu hinterlassen. Und natürlich macht es Spaß, den Wind zu nutzen und mit ihm zu spielen. Außerdem kann man durch die komfortable Sitzposition auch lange Strecken bequem zurücklegen.«

Unterwegs am herrlichen Kluane Lake im Territorium Yukon, Kanada. ^

Die komplette Ausrüstung, die wir bei unserem Abenteuer dabeihatten! <

Wie funktionieren diese Räder und wie bedient man sie?

Ein Whike ist ein Elektro-Liegedreirad mit einem 1,6 m^2 großen Segel. Die optimale Unterstützung erhält man, wenn der Wind mit einer Geschwindigkeit von etwa 15–40 Stundenkilometern und in einem Winkel von 120° zur Fahrtrichtung weht. Bei starkem Gegenwind muss man mehr in die Pedale treten und gegebenenfalls das Segel verstauen, was wir nur einmal taten, weil es ziemlich viel Platz wegnimmt.

Beim Fahren justiert man das Segel mit einem Seil, das man auf dem Schoß hat. Unter dem Sitz befindet sich der Lenker mit Handbremse und Gangschaltung. Da die Räder mit dem Gepäck sehr schwer waren und man an extremen Steigungen nicht einfach aufstehen und schieben kann, hatten wir zudem E-Unterstützung. Bei genügend Wind kann man segeln, ohne treten zu müssen. Unser Gepäck transportierten wir in zwei wasserdichten Ortlieb-Liegeradtaschen und -Rucksäcken.

Wann wart ihr über eure Segel am glücklichsten? Und in welchen Situationen habt ihr eure Wahl in Frage gestellt?

Wenn du mit vollen Segeln und hohem Tempo über viele Kilometer dahinbraust, fühlt sich das einfach toll an! Vor allem auf weiten Ebenen wie der Wüste in Baja California. Es machte auch Spaß, dass die Whikes überall Aufsehen erregten und wir immer wieder angesprochen wurden, wenn wir anhielten, um einen Kaffee zu trinken.

Sorgen hatten wir, wenn die Whikes nicht richtig funktionierten oder etwas brach. In einigen Regionen, durch die unsere Route führte, gab es nicht einmal für konventionelle Fahrräder Ersatzteile, geschweige denn für unsere Whikes. Zum Glück fand sich immer eine Lösung, da die meisten Menschen – wir eingeschlossen – viel kreativer sind, als sie denken. Und solange es sich um mechanische Probleme handelte, wurden diese innerhalb weniger Stunden behoben.

whike
WheelsonWind.com

Es war euch ein wichtiges Anliegen, euren CO_2-Abdruck zu kompensieren. Wie gelang das?

Bei unseren Überlegungen, die durch die Reise verursachten CO_2-Emissionen auszugleichen, überzeugte uns das Konzept von Land Life – einer Firma, die weltweit Milliarden von Hektar an abgeholztem Land wiederaufforsten will. Dann berechneten wir die CO_2-Belastung, die wir durch unseren Flug nach Amerika sowie die dortigen Mahlzeiten, Übernachtungen, Fähren und Busfahrten verursachen würden. Dabei wurde uns klar, dass wir durch den höheren Kalorienverbrauch beim Radfahren mehr Lebensmittel verzehren und so auch den CO_2-Ausstoß erhöhen würden. Zum Glück kann man Letzteres durch geringeren Fleischkonsum ausgleichen.

Unterwegs besuchtet ihr großartige Projekte zur Verwendung erneuerbarer Energien und zur Müllvermeidung. Welche beeindruckten euch am meisten?

Auf eines der interessantesten Projekte stießen wir auf Kodiak Island in Alaska. Die örtliche Stromversorgung basierte auf Dieselgeneratoren und Wasserkraft. Wegen der hohen Dieselpreise und der Gefahren, die mit dem Transport für die kristallklaren Gewässer verbunden waren, wollten die Einheimischen zu 100 Prozent auf erneuerbare Energien umsteigen. Sie bauten ein geschlossenes System, das Windenergie mithilfe eines Schwungrads und einer Batterie speichert. Das Projekt ist ein großartiges Vorbild für viele Orte auf der ganzen Welt. Zudem bekamen wir noch Grizzlys zu sehen!

Welches war der glücklichste Moment eurer Reise?

M: Am meisten habe ich die Momente genossen, wenn wir von einem Ort aufbrachen, dabei eine Weile unseren eigenen Gedanken nachhingen, um uns dann über unsere Eindrücke und Gefühle auszutauschen. Das war wunderschön! Man erlebt unterwegs so viele ungewöhnliche und verrückte Dinge. Wir trafen echte Goldgräber, sahen Wale und Haie, verbrachten Weihnachten in einem Frauenhaus, standen ehrfürchtig vor riesigen Redwoods und begegneten so vielen freundlichen und interessanten Menschen!

Nachdem ihr eure Tour beendet habt und wieder in den Niederlanden seid: Benutzt ihr noch immer die Whikes? Und plant ihr zukünftig weitere Trips?

Vor unserem Rückflug von Panama mussten wir die Whikes zerlegen, damit sie ins Flugzeug passten. Zu Hause packten wir sie weg und widmeten uns wieder unserer täglichen Routine. Wir müssen gestehen, dass wir sie bisher nur teilweise wieder zusammengebaut haben, aber das werden wir nachholen und bald wieder bei uns auf den Deichen segeln. Wir haben jeden Augenblick unserer abenteuerlichen Flitterwochen genossen. Und all die freundlichen Leute, denen wir begegnet sind, haben unser Vertrauen in die Menschen und in die Zukunft gestärkt. Aber wir waren nicht traurig, als wir uns von unserem Leben auf dem Rad verabschieden mussten, sondern gingen angespornt wieder an unsere Arbeit, die etwas zur Nachhaltigkeit beiträgt. Bis jetzt gibt es keine konkreten Pläne, aber wir werden ganz bestimmt wieder einen großen Trip machen.

Der erste von 30 Bäumen, gepflanzt als CO_2-Kompensation für unser Abenteuer. v

Mulder

23

FAHRRADTYPEN

BOARD & BIKE

@saltysoulproject

Mikel Andoni López
Spanien (1991)
Surflehrer

Javier Fernández-Martos
Spanien (1993)
Naturkundler, Seekajaklehrer

Iñaki Miramón
Spanien (1989)
Surflehrer

Unsere Tour:
von Vancouver, Kanada, nach Mexiko (3 Monate)

UNSERE GESCHICHTE

Salty Soul, unsere gemeinsame Reise, ist das Produkt der Liebe zur Natur und zum Meer. Die Idee dazu wurde eines Nachmittags in Irland geboren. Wir wollten die gewohnten Bahnen verlassen und etwas ganz Neues unverfälscht erleben. Warum nicht in Nordamerika, wo noch keiner von uns zuvor gewesen war, einen Fahrrad-Trip unternehmen und dort surfen gehen? Wir wussten nur, dass Kalifornien seit jeher ein absoluter Hotspot für Surfer war.

Die Reise sollte ein einzigartiges Erlebnis bieten, aber auch zwei Euro an Sponsorengeldern für jeden zurückgelegten Kilometer einbringen. Das Geld war komplett den Hilfsorganisationen SOS Himalaya und Kubuka zugedacht. In all den Jahren unserer frühen Reisen in viele Länder dieser Welt hatten wir von fremden Menschen so viel Gastfreundschaft erfahren, dass wir dafür etwas zurückgeben wollten, und zwar denjenigen, die es am dringendsten brauchten: in diesem Fall Kindern in Nepal und in Kenia.

An einem Februartag stiegen wir mit unserem Gepäck, den Rädern und den Surfboards aus dem Flugzeug und strampelten ohne konkreten Plan Richtung Süden.

Als wir in San Francisco die Golden Gate Bridge erreicht hatten, schien die Ziellinie nicht mehr fern. Auf dieses Highlight hatten wir uns riesig gefreut.

Was motiviert euch, mit dem Rad zu reisen?

Wir waren schon immer sportverrückt, zudem ist bei einer langen Radtour die körperliche Herausforderung ganz automatisch dabei. Und während man bei konventionellen Reisen viele Dinge verpasst, hat man auf dem Rad Gelegenheit, alles links und rechts der Route genau zu erkunden.

Ihr drei seid alle Surfer. Wie kam es zu der Idee, eure Boards auf dem Rad mitzunehmen?

Surfen ist eine der Hauptaktivitäten in unserem Leben, und wir haben unsere Reisen stets mit der Suche nach geeigneten Wellen verknüpft. Die Idee, dass wir drei Freunde dies auf Fahrrädern unternehmen, war spannend. Außerdem inspirierten uns andere Surfer wie Atila Madrona und Kepa Acero.

Warum habt ihr euch für eine Tour entlang der Pazifikküste von Kanada bis Mexiko entschieden?

Nordamerika ist berühmt für seine Surfkultur. Zwar fand die Geburtsstunde des Surfens vor Hunderten von Jahren auf Hawaii statt, doch der heutige Superstar unter den Surfrevieren ist Kalifornien. Für uns war der Trip eine Art Kulturreise!

Wie oft habt ihr Stopps zum Surfen eingelegt?

Wir wollten die ganze Zeit an der Küste bleiben. Deshalb folgten wir den berühmten Highways 101 und 1. Kamen wir an einem Strand mit guten Wellen vorbei und passten die Bedingungen, gingen wir surfen. In Washington und Oregon war das etwa alle zwei, in Kalifornien alle vier bis fünf Tage der Fall.

Ihr habt auf dem Sattel für zwei Hilfsprojekte Spendengelder eingesammelt. Um was für Projekte handelt es sich? Wofür wurde das Geld verwendet?

J: Ich wählte die NGO Kubuka aus, mit der ich schon früher zusammengearbeitet hatte. Mein Spendenanteil ging an das Lisha Children's Home in Tala. Das Heim und die Kinder dort hatte ich bei meiner ehrenamtlichen Arbeit in Kenia kennengelernt. Iñaki und Mikel entschieden sich für SOS Himalaya. Dies ist eines von mehreren Hilfsprojekten in Nepal, Pakistan und Indien. Sie wurden von einem spanischen Bergsteiger gegründet, der am Annapurna den Tod fand.

Seid ihr bei eurer Reise an der Pazifikküste auf viel Gastfreundschaft gestoßen?

Und ob. Die Amerikaner haben uns wirklich mit offenen Armen empfangen. Als wir mit der Fähre von Kanada in die USA einreisten, trafen wir Bob, den Inhaber einer Kunstgalerie. Nachdem wir uns ein paar Minuten mit diesem freundlichen Mann unterhalten hatten, bot er uns an, in seiner Galerie zu übernachten. So entgegenkommend wurden wir zwar nicht überall behandelt, aber nahezu jeder, den wir trafen, war bemüht, uns auf die eine oder andere Art zu helfen. Am Ende hatten wir mehr Nächte in den Häusern von Einheimischen verbracht als in unseren Zelten.

Welche praktischen Empfehlungen habt ihr für Radreisende, die ebenfalls ihr Surfboard mitnehmen wollen?

Es gibt viele Arten, wie man ein Surfboard auf dem Fahrrad transportieren kann. Unsere war die aerodynamischste. Auf den Anhängern brachten wir Metallträger an, die wir mit Schaumstoff ummantelten. Darauf befestigten wir die Boards mit elastischen Spanngurten. Auf jeden Fall braucht der Anhänger einen Ständer, da er sonst wegen des hohen Gewichts im Stand umkippen und dadurch die Verbindung zum Rad verbiegen kann.

Ihr hattet ein Tipi-Zelt dabei, was für eine Radtour und Wildcampen ungewöhnlich ist. Wie kam es zu der Entscheidung und wie hat sie sich bewährt?

Am meisten mochten wir am Tipi, dass man darin stehen kann. Für diesen Komfort waren wir bereit, das Extragewicht in Kauf zu nehmen. Das nächste Mal werden wir aber einzelne Zelte nehmen, um ein wenig mehr Privatsphäre zu genießen.

< *Mit Freunden unterwegs zu sein bedeutet, viel Spaß zu haben!*

↳ *Javi – als Tarzan in der Wildnis.*

Habt ihr an der Küste viel auf Campingplätzen gezeltet? Wenn ja, welche haben euch am besten gefallen?

Wir haben auf einigen Campingplätzen gezeltet, aber wann immer es möglich war, übernachteten wir tief in den Wäldern. Am beeindruckendsten war ein Abend, an dem wir in Kalifornien zwischen riesigen Mammutbäume kampierten. Wir erspähten einige Füchse und fühlten uns wirklich eins mit der Natur.

Auf einigen Straßen am Pazifik gibt es viel Verkehr und nur schmale Seitenstreifen. Wie seid ihr damit zurechtgekommen? Fühltet ihr euch sicher?

M: Auf den meisten Highways waren die Seitenstreifen für Radfahrer breit genug. Aber wir erlebten brenzlige Situationen, wenn riesige, mit Baumstämmen beladene Trucks dicht an uns vorbeidonnerten. Der dadurch entstehende Luftstrom kann einen aus der Balance bringen und zu gefährlichen Stürzen führen.

Die schlimmste Erfahrung machte Javi in Newport, Oregon, als ein Gegenstand seinen Helm traf. Dabei handelte es sich zu seiner Überraschung um ein Rasiermesser, das jemand aus einem vorbeifahrenden Auto nach ihm geworfen hatte. Leider trifft man überall auf solche Idioten. Aber zum Glück war Javi wegen seines Helms nichts passiert!

Mit Freunden eine Radtour zu unternehmen macht sicher richtig viel Spaß. Welches waren eure schönsten Momente?

Freunde können eine wichtige Stütze sein, aber manchmal schafft die Nähe auch Probleme. Man sollte sich seine Begleitung gut aussuchen! Wir hatten eine tolle Zeit miteinander und lachten viel. Wenn man fantastische Wellen und wunderschöne Augenblicke teilen kann, ist das einfach großartig.

Welche Vorurteile gegenüber Amerika wurden durch eure Tour widerlegt?

I: Ich hatte mir Amerika so vorgestellt, wie man es aus Filmen kennt: Fast Food, Waffen, ungesunder Lebensstil. Aber das Land, das wir kennenlernten, war ganz anders. Die Leute waren extrem gastfreundlich, und wir fühlten uns überall äußerst sicher. Wir stellten auch fest, dass viele Leute Outdoor-Aktivitäten lieben und sich für den Umweltschutz engagieren. Man sagte uns, dass dies vor allem für die Westküste typisch sei.

Was wollt ihr an eurer Ausrüstung für kommende Board-und-Bike-Touren noch verbessern?

Zurzeit haben wir keine konkreten Trips geplant. Aber wenn es dazu kommt, werden wir es sicher wieder so machen, dass wir umweltschonend und in engem Kontakt mit der Natur unterwegs sind. Vielleicht werden wir uns qualitativ bessere und leichtere Anhänger zulegen. Da wir gelernt haben, unser Gepäck zu optimieren, können wir das nächste Mal vielleicht sogar auch unsere Kitesurfing-Ausrüstung mitnehmen!

REISEDAUER & ALTER

»Ich war in alle Fallen des Alltagslebens getappt: eine Hypothek, ein Job, der mich viel zu viele Stunden kostete, und der Zwang zum Sparen aus Angst vor Altersarmut. Ich fühlte mich total ausgelaugt, bis eines Tages das Glück an meine Tür klopfte. Die Zeit zum Aufbruch war gekommen.«

~ BLANCA FERNÁNDEZ ~

Hast du während der bisherigen Lektüre dein Alter als Hinderungsgrund für eine Reise mit dem Rad empfunden? Oder gibt es andere vermeintliche Hemmnisse dafür? Etwa dein intensiv betriebenes Studium, berufliche Verpflichtungen oder familiäre Bindungen? Glaubst du, dass es für immer nur ein Traum bleiben wird, die Straße unter den Reifen zu spüren, während dein Blick über die Wiesen und Wüsten direkt an deiner Seite und die schneebedeckten Berge in der Ferne schweift? Sollte das zutreffen, dann werden deine Ausflüchte in diesem Kapitel durch die Berichte äußerst bemerkenswerter Menschen auf eine harte Probe gestellt werden. Die lange Reisedauer und das eigene Alter sind die meistgenannten Argumente, um sich nicht mit dem Rad auf eine Tour zu begeben. »Ich habe nicht die Zeit dafür!« »Ich bin nicht mehr fit genug!« »Mir fehlt das nötige Geld!« Alles nachvollziehbare Reaktionen auf die faszinierenden Berichte, die du im vorigen Teil des Buches gelesen hast. Aber deine Haltung könnte sich möglicherweise ändern, wenn du weiterliest. Denn dort folgen beeindruckende Beispiele dafür, wie sich Menschen von all diesen typischen Hinderungsgründen befreit haben, die wir jeden Tag selbst vor uns errichten. Bist du bereit, dich überzeugen zu lassen?

24

KÜRZERE TRIPS

WOCHENENDAUSFLÜGE

@karlatrobles + @perdidoenbici

Karla Robles
Mexiko (1987)
Soziologin

Daniel Díaz
Mexiko (1988)
Autor

Unsere Touren:
Yaqui-Tour – beim indigenen Volk der Yaqui in Sonora, Mexiko (5 Tage)
Nordhälfte der Baja-Divide-Offroad-Route, Mexiko (2 Monate)
von Tucson in Arizona, USA, nach Hermosillo, Mexiko (2 Wochen)
Südhälfte der Baja-Divide-Offroad-Route, Mexiko (2 Monate)

UNSERE GESCHICHTE

K: Ich begann 2012, mein Rad für Ausflüge in Gruppen und gelegentlich für den Weg zur Arbeit zu benutzen. Vier Jahre später verkaufte ich mein Auto und nahm nur noch das Rad. Es war immer mein Traum gewesen zu reisen. Doch da ich mich neun Jahre lang nur meiner Arbeit widmete, hatte sich nie die Gelegenheit dazu ergeben. Dann lernte ich 2018 Daniel kennen, der mich zu einer Reise mit dem Rad einlud. Ich ergriff die Gelegenheit, meine Vorliebe fürs Radfahren mit dem Traum vom Reisen zu verbinden. Mittlerweile kann ich mir ein Leben ohne unsere Radtouren gar nicht mehr vorstellen.

D: Als ich 18 wurde, begann ich mit dem Rad zur Universität und später dann zur Arbeit zu fahren. Von Kindesbeinen an liebte ich es, unterwegs zu sein, und meine Familie unternahm viele Reisen. Während des Studiums tourte ich dann mit dem Rucksack durchs ganze Land. Als ich einmal einen ganzen Tag als Anhalter wartete, um für eine Strecke von 80 Kilometern mitgenommen zu werden, dachte ich mir: Mit meinem Fahrrad wäre ich jetzt schon längst am Ziel! Danach las ich alles über Radreisen und begann, für die Ausrüstung zu sparen. Ohne festes Ziel schwang ich mich 2015 auf den Sattel und fuhr von meiner Heimatstadt Richtung Süden. So begann das, was ich am liebsten bis zu meinem Lebensende machen würde. Mit der Zeit probierte ich auch Offroad-Routen aus. Heute frage ich mich immer als Erstes: Führt auch ein unbefestigter Weg dorthin?

Was motiviert euch, mit dem Rad zu reisen?

D: Ich liebe soziale Kontakte, manchmal nehmen sie mich aber allzu sehr in Beschlag. Beim Radfahren habe ich ein gutes Gleichgewicht zwischen Alleinsein und Geselligkeit gefunden. Beides ist wichtig für die innere Balance. Außerdem mag ich die körperliche Herausforderung, wenn man in die Pedale tritt. Nachdem ich wegen einer Knieverletzung Taekwondo aufgeben musste, halte ich mich so fit und komme dabei auch noch zu vielen interessanten Orten.

K: Radreisen helfen mir, tiefere Einblicke in das gesellschaftliche Miteinander zu bekommen. Darüber hinaus habe ich auf dem Rad emotionalen Ballast abwerfen können, den ich seit meiner Kindheit mit mir herumschleppte. Zum Beispiel wurde bei mir Asthma diagnostiziert, als ich 12 war. Doch als ich mit den Radtouren begann, stellte ich fest, dass ich gar nicht so schwach war, wie ich gedacht hatte. Vielmehr konnte ich meine Lungen stärken und mein Leistungsvermögen steigern. Seit zwei Jahren bin ich nicht ein einziges Mal krank gewesen, sondern fühle mich gesünder und stärker denn je.

Seit eurer Jugend seid ihr beide mit dem Rad in der Stadt herumgekurvt. Wie kam es zu der Idee, mit dem Rad auch auf Reisen zu gehen?

D: Das Fahrrad stellt eine naheliegende Alternative zu den häufig unzuverlässigen öffentlichen Verkehrsmitteln dar. Da ich Radfahren und Reisen immer schon geliebt hatte, machte es Sinn, beides zu kombinieren. Ich war zuerst nur in der näheren Umgebung unterwegs, doch dann führten mich meine Touren immer weiter aus der Stadt hinaus an entlegene Orte, die ich auf andere Weise nie erreicht hätte.

Kürzere Touren erfordern meist weniger Vorbereitung und auch weniger Gepäck. Welche Grundausstattung würdet ihr empfehlen?

Für kürzere Ausflüge reichen ein Heckgepäckträger und zwei Packtaschen völlig. Letztere sind leicht zu beschaffen und anzubringen. Damit kann man ungefähr so viel mitnehmen wie bei einer Bikepackung-Ausrüstung.

Spielt auch bei kürzeren Trips die Qualität des Fahrrads eine große Rolle? Oder kann man einfach mit irgendeinem Rad loslegen?

D: Ich denke, dass man seine ersten Touren ruhig mit dem Fahrrad machen sollte, das gerade zur Hand ist. Als ich mit meinen Trips begann, schnallte ich einfach meinen Schulrucksack auf den Gepäckträger meines Citybikes, denn ein anderes hatte ich nicht. Mit der Zeit fand ich heraus, was funktionierte und was nicht. Sobald ich mir sicher war, auch weiterhin Reisen mit dem Rad zu machen, investierte ich in eine bessere Ausrüstung. Und wenn ich heute offroad in entlegenen Regionen unterwegs bin, wo ich höchst ungern liegen bleiben will, verwende ich immer das beste Material, das ich mir leisten kann. Aber dieser Prozess hat Jahre gedauert.

K: Ein qualitativ gutes und individuell angepasstes Rad verbessert ohne Frage das Erlebnis einer Reise. Du kannst damit größere Distanzen zurücklegen, ohne Schmerzen oder Pannen befürchten zu müssen. Dennoch kann man mit beinahe jedem Rad einen Wochenendausflug machen.

Wie wichtig sind eurer Meinung nach kürzere Fahrrad-Trips in unserem von Arbeit bestimmten Leben? Welchen körperlichen und mentalen Nutzen zieht ihr daraus?

K: Vor einigen Jahren litt ich unter einer schweren Depression. Nur wenn ich auf den Sattel stieg und ohne Ziel losfuhr, konnte ich mich aus diesem dunklen Loch befreien. Die körperliche Anstrengung half mir, auf andere Gedanken zu kommen. In Verbindung mit einer Psychotherapie können Radtouren sehr heilsam sein. Mir haben die Trips und die damit verbundene Herausforderung für Körper und Geist geholfen, wieder zu mir selbst zu finden und meine Erkrankung zu akzeptieren. Ich habe zudem gelernt, dankbar dafür zu sein, was ich erreicht und wie sehr ich mich entwickelt habe.

D: Ich mag Sport, aber keine Fitnessstudios. Und ich brauche ein Ziel, das über die rein gesundheitliche Ertüchtigung hinausgeht, sonst wird es mir leicht langweilig. Beim Radfahren droht das nicht, es sei denn, ich müsste immer im Kreis fahren. So aber halte ich mich fit und gelange zugleich an viele Orte.

Eine Kunsthandwerkerin in Cataviña, Baja California, Mexiko. ^

Die seltsam kerzenförmigen Bäume im Valle de los Cirios, Baja California, Mexiko. >

Was sind die Vor- und Nachteile eurer kürzeren, nur wenige Tage dauernden Trips, wenn ihr sie mit euren ein- oder zweimonatigen Touren vergleicht?

Kurze Trips eignen sich perfekt, um die Ausrüstung und die eigene Verfassung zu testen, bevor man zu einem längeren Abenteuer aufbricht. Außerdem bieten sie sich für Leute an, die beruflich eingebunden sind und familiäre Verpflichtungen haben. Wir beide leben in einem Land, in dem die meisten Menschen nur ein oder zwei Wochen Urlaub im Jahr haben und kaum zu monatelangen Expeditionen aufbrechen können. Das sollte sie aber nicht davon abhalten, ein Wochenende oder ein paar Urlaubstage für eine Rad- und Campingtour zu nutzen.

Offroad-Touren mit dem Rad sind in Mexiko noch relativ neu. Das heißt, dass es keine entsprechende Infrastruktur wie zum Beispiel Campingplätze gibt. Dafür hat man aber die Chance, jede Menge Neues zu entdecken und wild zu zelten – oder bei gastfreundlichen Menschen im Garten.

Viele betrachten Mexiko wegen seiner Landschaften, des guten Essens, der Kultur und der Menschen als eine der Top-Adressen für Radreisen. Wie steht ihr dazu?

D: Ich muss gestehen, dass ich zu dem Land, in dem ich geboren wurde, eine Art Hassliebe empfinde. Bei jeder größeren Tour, die wir planen, müssen wir automatisch unsere persönliche Sicherheit im Auge behalten. In vielen Fällen hat diese Frage am Ende über die Routenwahl entschieden. Nichtsdestoweniger ist die überwältigende Mehrheit der Leute freundlich und hilfsbereit, was einer der wichtigsten Gründe ist, warum wir immer wieder auf Erkundungstour gehen.

K: Ich bin sehr froh, dass es mittlerweile In Mexiko ein Netzwerk gibt, das Informationen über sichere Routen liefert und ein Auge auf Radfahrer hat, die durch unser herrliches Land reisen. Und wir hoffen, dass die internationale Fahrradszene viele Leute anspornt und dabei unterstützt, Mexiko zu besuchen.

25

KÜRZERE TRIPS

URLAUBSTOUREN

@danielweststeyn

Daniel Weststeyn
Niederlande (1986)
Marketingfachmann

Meine Tour:
von Duschanbe, Tadschikistan, nach Osch, Kirgisistan (1 Monat)

MEINE GESCHICHTE

Als ich 30 wurde, wollte ich nicht nur eine weitere Kerze auf dem Geburtstagskuchen auspusten. Es drängte mich, mir eine Auszeit zu gönnen und etwas Außergewöhnliches zu unternehmen, an das ich mich später gern erinnern würde. Was eignete sich dazu besser als ein Abenteuer?

Freunde hatten mir von einer legendären Fahrradroute erzählt, die durch Zentralasien führt, entlang der afghanischen und chinesischen Grenze. Ich hatte noch nie eine Fahrradtour gemacht, aber gerade darin lag für mich die Herausforderung. Also besorgte ich mir ein Rad, gab meiner Frau einen Abschiedskuss und flog nach Tadschikistan. Dort begann meine 1400 Kilometer lange Tour auf einem Teilstück der alten Seidenstraße, auch bekannt als Pamir Highway. Obwohl ein »Highway« eher eine modern ausgebaute Straße erwarten lässt, scheint der größte Teil des Weges seit den Zeiten Marco Polos unverändert geblieben zu sein. Gerade das aber reizt Abenteurer – meine Erwartungen wurden nicht enttäuscht!

Was motiviert dich, mit dem Rad zu reisen?

Als Erstes die damit verbundene Freiheit. Die Tatsache, dass du überall hinfahren kannst, ohne von anderen Leuten oder von Benzin abhängig zu sein, wirkt unglaublich befreiend.

Ein weiterer Teil der Magie des Radfahrens resultiert aus dem Reisetempo: Du bist schneller als zu Fuß, aber langsamer als mit dem Auto. Die Balance ist perfekt: Du hast Zeit, dich umzusehen, und kommst trotzdem gut voran.

Du erlebst die Elemente, denen du schutzlos ausgeliefert bist, hautnah, ebenso wie die Umgebung und die Menschen entlang deiner Route. Vor allem, wenn man allein reist, nimmt man alles besonders intensiv wahr. Der Rhythmus und die physische Anstrengung des Tretens in die Pedale bewirken zudem, dass man in sich selbst versinkt und die Welt mit ganz anderen Augen sieht.

Zu deinem 30. Geburtstag wolltest du dir ein unvergessliches Abenteuer gönnen. Wie bist du darauf gekommen, ausgerechnet den gewaltigen Pamir Highway allein zu befahren?

Da ich die Berge liebe, dachte ich zuerst darüber nach, einen anspruchsvollen Gipfel zu besteigen. Aber bei Klettertouren im Hochgebirge verbringt man die meiste Zeit damit, auf gute Wetterbedingungen zu warten. Außerdem wollte ich etwas unternehmen, das mich über einen längeren Zeitraum intensiv beanspruchen würde, ohne dabei auf einen Guide angewiesen zu sein.

Als ideale Kombination von Naturerlebnis, körperlicher sowie mentaler Herausforderung, Selbsterkenntnis und Abenteuer kam ich auf die Idee einer Solo-Tour mit dem Rad. Nach einigen Recherchen erwies sich der Pamir Highway als ein Ziel, das meinen Wünschen in jeder Hinsicht optimal entsprach.

Da dies deine erste Radtour überhaupt war: Musstest du die gesamte Ausrüstung kaufen oder konntest du sie leihen bzw. mieten?

Das meiste an Campingausrüstung besaß ich bereits, aber ich hatte noch kein Rad. Einerseits war ich nicht bereit, ein Vermögen für etwas ausgeben, das ich vielleicht nur wenige Male benutzen würde. Andererseits wollte ich aus Angst, später im Nirgendwo liegen zu bleiben, keine Kompromisse bei der Zuverlässigkeit eingehen.

Da ich ohnehin vorhatte, meine Reise vor allem für mich selbst in Wort und Bild zu dokumentieren, kam ich auf die Idee, dass ein Blog auch für einen Fahrradhersteller interessant sein könnte. Ich kontaktierte einige, und tatsächlich bot mir Snel fietsen in Utrecht freundlicherweise ein gebrauchtes Rad mit neuen Packtaschen zu einem reduzierten Preis an.

Alles andere kaufte ich neu, bis auf ein Satellitentelefon, das ich für Notfälle – und um meine Frau zu beruhigen – mietete.

Vor dem Tor von Murghab – das erste Zeichen menschlicher Zivilisation nach drei Tagen. ^

Der Pamir Highway ist eine echte Herausforderung, aber jeder einzelne Kilometer lohnt sich. >

Wie hast du dich auf die Tour vorbereitet?

Da ich nicht viel über Radreisen wusste, informierte ich mich in Internet-Foren über mögliche Ziele und die erforderliche Ausrüstung. Wegen meiner Vorliebe für raues und bergiges Terrain landeten schließlich der Pamir Highway, der Karakorum Highway in Pakistan und der Peru-Great-Divide-Trail auf meiner Shortlist.

Nachdem ich auf den Blog eines holländischen Paares gestoßen war, das sowohl den Pamir als auch den Karakorum mit dem Rad erkundet hatte, bat ich die beiden um ein Treffen. Sie willigten gern ein und berichteten über ihre Erfahrungen aus erster Hand. Als meine Wahl dann feststand, las ich im Web alles, was ich über die Route finden konnte. Und da ich ziemlich detailbesessen bin, recherchierte ich auch viel, was die Ausrüstung betraf. Kurz vor meinem Aufbruch nahm ich noch an einem Fahrradreparaturkurs teil.

Welches Ereignis ist dir unvergesslich?

Am ersten Tag hatte ich mich bei 40 °C Hitze viele Steigungen hinaufgequält. Völlig erschöpft suchte ich abends vergeblich nach einem geeigneten Zeltplatz.

Als es dunkel wurde, hämmerte ich in meiner Verzweiflung an eine Tür, um dort zu bitten, ob ich im Garten übernachten dürfe. Ein alter Mann bat mich höflich herein, und im Nu reichte man mir Tee und etwas zu essen. Dann bereitete er eine Schlafmatte für mich vor, während seine Tochter auf einem Holzfeuer Wasser erhitzte, damit ich mir den Staub der Straße und den Schweiß abwaschen konnte. Dabei half mir ihr Mann und goss das warme Wasser an einem kleinen Bach, der durch den Garten floss, über mich. Diese Leute besaßen so wenig, und dennoch nahmen sie, ohne zu zögern, einen fremden Kerl wie mich auf. Ich war so gerührt, dass ich mit Tränen in den Augen einschlief.

Der Spitzname des Pamir Highway lautet Durchfall-Highway. Dich hat es auf deiner Tour zweimal erwischt. Wie hast du es überstanden?

In der afghanischen Grenzregion bekam ich eine akute Gastritis. Meine Magenschmerzen wurden so unerträglich, dass ich einige Tage lang nur gekrümmt am Boden liegen konnte und hoffte, dass es irgendwann besser würde. Die Betreiber meines Hostels probierten all ihre Hausmittel an mir aus – von eklig schmeckenden Kräutern bis zu Wodka mit Salz. Doch mein Zustand verschlimmerte sich noch, und es gab keine Möglichkeit, mich zu einem Arzt zu bringen.

Tausende Kilometer von zu Hause entfernt starrte ich tagelang verzweifelt an die Decke. Nie zuvor hatte ich mich so allein gefühlt. Schließlich schaffte ich es bis zu einem Militärhospital, wo ich untersuchte wurde und ein russisches Medikament erhielt, das unverständlich beschriftet war, mir aber half.

Was gefällt dir an kurzen, ambitionierten Trips am besten?

Ich gehe einer ganzen Reihe von Aktivitäten nach. Deshalb mag ich an kürzeren Trips, dass sie leicht zu planen sind und viel Spielraum etwa bei der Wahl des Ziels und der Jahreszeit lassen. Natürlich bieten längere Reisen, sofern man die Möglichkeit dazu hat, intensivere Erlebnisse, die durch kurze Touren nicht zu bekommen sind. Doch in meinen Augen haben beide ihren Stellenwert und sind gleichermaßen wertvoll.

Die meisten von uns können sich ein paar Wochen Urlaub leisten. Dennoch zögern viele, sich eine Zeit lang von ihren Jobs und familiären Verpflichtungen freizumachen. Kannst du sie ermutigen?

Eigene Träume und Verpflichtungen anderen gegenüber unter einen Hut zu bringen ist nicht immer leicht. Planung und Kommunikation haben dabei eine Schlüsselrolle. Natürlich informierte ich meine Frau nicht erst kurzfristig, sondern lange vorher über meine Pläne, damit sie Zeit hatte, sich daran zu gewöhnen. Außerdem war sie an den Vorbereitungen beteiligt, zum Beispiel bei Gesprächen mit Leuten, die die Tour bereits gemacht hatten. Dadurch wurde das ganze Projekt – für uns beide – leichter überschaubar.

Es gib immer unzählige Gründe, etwas nicht zu tun. Zugleich aber bereuen wir meist, eine Chance nicht genutzt zu haben. Also ergreife sie, wenn sie sich bietet, um eine wertvolle Erfahrung zu sammeln!

ULTRACYCLING-RENNEN

@laelwilcox

Lael Wilcox
USA (1986)
Ultracycling-Bikerin

Meine Touren:
Kirgisistan (5 Wochen) + Silk Road Mountain Race (7 Tage)
Hope 1000 – vom Bodensee zum Genfer See, Schweiz (12 Tage)
Tour Divide – von Banff, Kanada, nach Antelope Wells, New Mexico, USA (15 Tage)
Baja Divide – von San Diego, Kalifornien, USA, nach La Paz, Mexiko (11 Tage)

MEINE GESCHICHTE

Ich wuchs in Anchorage, Alaska, auf und stieg mit 20 aufs Rad, um damit während des Studiums zur Arbeit zu fahren. Als ich meine Schwester in der Nachbarstadt besuchen wollte, fehlte mir das Geld für den Bus. Also fuhr ich mit meinem einfachen Rad ohne Schaltung dorthin. Die 80 Kilometer waren die bis dahin größte Distanz, die ich auf dem Sattel zurückgelegt hatte. Wenn ich von Stadt zu Stadt fahren konnte, dachte ich, dann auch durchs ganze Land – und brach zu meinem ersten Trip entlang der amerikanischen Ostküste auf. In den folgenden sieben Jahren jobbte ich jeweils sechs Monate und sparte, um in der übrigen Zeit Radreisen machen zu können. Dabei wechselte ich von der Straße auf Schotter und Trails.

Als ich 2015 in Israel auf der Holyland-Challenge-Route unterwegs war, die über 1400 Kilometer durch die Berge führt, stellte ich fest, dass zu der Zeit dort ein Rennen stattfand. Aus Spaß nahm ich als einzige Frau mit meinem Trekkingrad teil, das nur acht Gänge und Blockpedale hatte. Am Ende des ersten Tages lag ich zur Überraschung des gesamten Feldes – und zu meiner eigenen – mit 40 Kilometern Vorsprung vorn. Mir wurde klar, dass ich gut in Ultracycling-Rennen war. Einige Wochen später flog ich zurück nach Alaska und besorgte mir ein renntaugliches Rad. Damit legte ich die 3400 Kilometer von Anchorage nach Banff zurück, wo die Tour Divide gestartet wurde, ein 4400 Kilometer langes Mountainbike-Rennen von Kanada nach Mexiko. In jenem Sommer verbesserte ich den bis dahin bestehenden Frauenrekord um fast vier Tage. Seither fahre ich Abenteuerrennen, mache Freizeittouren und animiere andere (vor allem Frauen), ebenfalls aufs Rad zu steigen.

Was motiviert dich, mit dem Rad zu reisen?

Nichts liebe ich mehr, als mit dem Rad in der Natur unterwegs zu sein. Besonders wenn man lange Strecken zurücklegt, trifft man auf so viel Unbekanntes. Und meine Neugier nach fremden Orten, vor allem in bergigen Regionen, ist riesengroß.

Betrachtest du deine Touren eher als Reisen oder als Training? Und wie würdest du den Unterschied definieren?

Beides trifft zu. Wenn ich auf dem Rad sitze, fühle ich mich immer wohl: sei es auf dem Weg zum Einkaufen, bei einem Rennen oder einer Vergnügungstour. Fahre ich nicht Rad, dann träume ich davon. Es wird mir nie langweilig. Und wenn ich Lust habe, schnell zu fahren, dann tue ich es einfach. Einen speziellen Trainingsplan habe ich nicht.

Vor dem Silk Road Mountain Race bist du mit deiner Freundin Rue durch Kirgisistan gereist, um das Land und die Route kennenzulernen. Gefallen dir solche entspannten Trips besser als Rennen?

Trotz aller Unterschiede liebe ich beides. Bei einem Rennen konzentriere ich mich darauf, möglichst viel Strecke zu machen. Dann fahre ich auch nachts oder bei Sturm, schlafe wenig und esse auf dem Rad. Das Ganze hat einen intensiven, wilden Charakter.

Bei Freizeittouren hingegen gilt meine Aufmerksamkeit der Landschaft und der Zeit mit meiner Freundin Rue. Abends schlagen wir unser Zelt auf, essen gemeinsam, unterhalten uns und lachen viel. Es ist für mich eine wichtige mentale und physische Vorbereitung, auch den Weg zu einem Wettbewerb mit dem Rad zu fahren und die Route zu erkunden. Dabei denke ich nach, wie ich beim Rennen an Verpflegung komme und welche besonderen Herausforderungen warten. Rue macht unterdessen Fotos und Videos, die wir posten.

^ *Als Zweite auf dem Siegerpodest des Silk Road Mountain Race 2019. In dem Jahr war ich die einzige und insgesamt erst die zweite Frau, die das Rennen als Einzelfahrerin beendete.*

Bei deinen Rennen zählt jedes Gramm an Gepäck. Woran sparst du?

Jedes Rennen ist anders. Und ich denke jedes Mal genau darüber nach, was mich am Ende schneller macht. Früher habe ich den Fehler begangen, bei der Ausrüstung zu sparen, und dann viel Energie vergeudet, wenn ich nachts zitternd auf eisigen Böden lag und vor Kälte nicht schlafen konnte. Da ich mich beim Rennen immer selbst versorge, muss ich alles mitnehmen, was ich unterwegs brauche. Ich wusste, dass in Kirgisistan nachts Minusgrade herrschen. Also brauchte ich viel: Daunenjacke und -hose, einen Regenanzug, Isomatte, einen warmen Schlafsack und einen robusten Biwacksack. So ausgestattet, war ich beruhigt, dass ich überall recht bequem und zeitsparend übernachten konnte. Ich hatte neben meinen Fahrradschuhen sogar Sandalen für das Durchqueren von Bächen dabei. Das Silk Road Mountain Race beendete ich überglücklich als Zweite. Ich hatte in der einen Woche pro Tag durchschnittlich 245 Kilometer und 3700 Höhenmeter bewältigt.

Bei den Rennen verlangst du deinem Körper extreme Leistungen ab. Hast du dabei jemals physisch oder mental einen Kollaps erlitten?

Und ob, sogar oft! Bei meiner ersten Teilnahme an der Tour Divide im Jahr 2015 musste ich am fünften Renntag zum Arzt, weil ich fürchterliche Atemprobleme hatte. Ich wurde geröntgt und behandelt. Danach besserte sich mein Zustand. Ich konnte wieder mein gewohntes Tempo machen und den bisherigen Frauenrekord brechen. Im Herbst desselben Jahres nahm ich an einem Zeitfahren auf dem Arizona Trail teil. Am dritten Tag bekam ich wieder so heftige Atembeschwerden, dass ich das Rennen abbrechen musste. Später stellte sich heraus, dass ich besonders bei extremen körperlichen Belastungen unter Asthma leide.

Beim Trans Am Bike Race 2016 hatte ich in der ersten Woche starke Knieprobleme, die dann plötzlich wie weggeblasen waren. Es ist schon erstaunlich, wie sehr sich der Körper anpassen kann.

Wie sieht bei dir ein Tag auf dem Rad aus?

Bei einem Rennen, das eine Woche oder länger dauert, stehe ich um vier Uhr in der Früh auf, packe meine Sachen und fahre los. Ich sehe zu, alle Mahlzeiten auf dem Rad zu mir zu nehmen und möglichst selten anzuhalten. Bei unvermeidlichen Stopps versuche ich, mehrere Dinge gleichzeitig zu erledigen: Kleidung wechseln, pinkeln gehen, Lebensmittel und Ausrüstung umpacken, elektronische Geräte aufladen, die Kette ölen, Lebensmittel kaufen und Wasser nachfüllen.

Ansonsten folge ich meinem Instinkt. Fühle ich mich gut, fahre ich schneller. Fühle ich mich schlapp, bemühe ich mich, in Gang zu bleiben und nicht mit mir zu hadern. Die äußeren Bedingungen, das Terrain sowie meine mentale und physische Verfassung können sich stündlich ändern, während ich alles entlang der Route genau wahrnehme. Bei Hitze spritze ich Wasser auf Kleidung und Körper, um mich abzukühlen. Mal bekomme ich Atemschwierigkeiten, mal schleifen die Bremsen oder ich habe einen Platten. Damit muss ich klarkommen und das Beste aus der Situation machen. Fahre ich nachts, werde ich irgendwann müde und suche mir einen Schlafplatz. Zuerst lege ich mich dann noch mit Helm und Schuhen auf die Erde und lasse meinen Körper tief sinken. Fühlt es sich gut an, rolle ich meine Matte und den Schlafsack aus, krieche hinein und stelle den Wecker auf vier Uhr. Sollte ich Schwierigkeiten haben herunterzukommen, entspanne ich mich durch Atemübungen. Es ist ein unbeschreibliches Gefühl, wenn man völlig erschöpft und den Elementen ausgeliefert so engen Kontakt zu Mutter Erde hat.

Was hörst du dir bei deinen Touren an?

Musik kann sehr motivierend wirken! Bei mir gilt das vor allem für Pop. Aber ich greife auch oft zu Hörbüchern, die mir helfen, nachts wach zu bleiben. Ich habe zum Beispiel den ganzen Harry Potter auf dem Rad gehört. Und beim Silk Road Mountain Race lauschte ich Larry McMurtrys Erzählungen über die Eroberung des Wilden Westens. Sie passten irgendwie auch nach Kirgisistan. Kürzlich habe ich mir Autobiografien von Bergsteigern und Surfern angehört, die immer wieder an ihre persönlichen Grenzen gehen und deren Abenteuer auch mich anspornen.

Was war der längste Zeitraum, in dem du dasselbe Shirt getragen hast?

2014 hatte ich in Europa und Südafrika sechs Monate lang dasselbe ärmellose Lauftrikot an. Meine Mutter war überglücklich, mich dann auf einem Foto in einem neuen Shirt zu sehen, das ich mir in Johannesburg gekauft hatte.

Wo hattest du eines deiner schönsten Erlebnisse auf einer Radreise? Und würdest du wieder dorthin wollen?

Ich verbrachte zwei Sommer nacheinander auf Korsika. Von Marseille aus nahm ich die Fähre und wollte die Insel mit dem Rad und zu Fuß erkunden. Ich kam aber nur rund 100 Kilometer weit bis zu einer Farm nahe Île Rousse, auf der eine Französin alte Obstsorten anbaute. Dort blieb ich, um ihr bei der Ernte und dem Verkauf auf Märkten zu helfen. Sie schlief in einer Jurte und ich auf einem Palettenstapel neben einem leer stehenden Bauernhaus. Es gab viel zu tun, und wir erledigten alles mit unseren eigenen Händen. Küche und Dusche befanden sich im Freien. Für mich, die ich in Alaska geboren bin, war es unglaublich, dass sich das ganze Leben bei herrlichstem Wetter unter freiem Himmel abspielte. Außerdem gibt es auf Korsika viele schöne Wege, die durch die zerklüfteten Berge führen. Ich würde jederzeit wieder dorthin zurückkehren.

Du bist für viele Radfahrerinnen auf der ganzen Welt ein großes Vorbild. Was motiviert dich dazu, mehr Frauen zum Radfahren zu bringen?

Ich hasse es, wenn man jemandem suggeriert, dass er etwas von vornherein nicht kann. Stattdessen will ich insbesondere Frauen ermutigen, ihr Schicksal selbst in die Hand zu nehmen und ihre Grenzen auszutesten. Dazu muss man nicht an einem Rennen teilnehmen oder extrem lange Distanzen zurücklegen. Es geht vielmehr darum, einfach hinauszugehen und sich auf den Sattel zu schwingen. Einige meiner schönsten Stunden habe ich erlebt, als ich mit dem Rad einfach nur in der Stadt herumgekurvt bin.

Was Kirgisistan für viele Radreisende zu einem Traumziel macht, ist die unberührte Natur. Da es kaum Bäume gibt, eröffnen sich überall weite Ausblicke durch Täler und auf Berge. >

27

LÄNGERE TRIPS

EIN JAHR FLITTERWOCHEN

@nonlaproject

Trân Nguyên Khanh Nguyên
Vietnam (1993)
Analystin bei einer Bank

Thibault Clemenceau
Frankreich (1989)
Unternehmensentwickler

Unsere Tour:
von Frankreich nach Vietnam (11 Monate)

UNSERE GESCHICHTE

N: Ich stamme aus einer traditionellen vietnamesischen Familie, die alles außerhalb der eigenen vier Wände als Gefahr erachtet. Mehr als zwei Kilometer weit zu radeln galt schon als unverantwortlich. Aber das Schicksal führte mich 2015 in einem Café in Saigon mit Thibault zusammen. Zwei Jahre später heirateten wir und beschlossen, in unseren Flitterwochen auf dem Rad von Frankreich nach Vietnam zu fahren. Dabei wollten wir Spendengelder für eine französisch-vietnamesische NGO sammeln, die sich um Kinder kümmert: Poussières de Vie.

T: Schon als Kind radelte ich in den Sommerferien übers Land. Das Fahrrad wurde für mich zum Symbol der Freiheit. Mit dem Rad konnte ich Freunde treffen, mir Süßigkeiten holen ... Dann unternahm ich 2013 mit meinem jüngeren Bruder eine 4000 Kilometer lange Radtour von Frankreich nach Slowenien und weiter nach Italien. Von da an wollte ich mehr!

Eine Familie im Iran erlaubt uns, die traditionelle Qashqai-Hochzeitstracht anzuprobieren.

Was motiviert euch, mit dem Rad zu reisen?

N: Für mich ist Radfahren die beste Art des Reisens, um Land und Leute hautnah zu erleben. Durch das entschleunigte Vorankommen wird man zu einem Teil der Landschaft und nimmt jedes Detail wahr. Außerdem gibt mir die körperliche Anstrengung das gute Gefühl, dass ich es mir verdient habe, die schönen Orte, an die ich gelange, zu genießen. Und wenn du oben auf einem Pass bist, kannst du dich auf eine fantastische, lange Abfahrt freuen. Nichts ist mit dieser Vorfreude zu vergleichen!

T: Radfahren macht mich glücklich. Es hat mich die gastfreundlichsten und warmherzigsten Menschen treffen lassen, die man sich vorstellen kann. Vielleicht verleiht einem das Radfahren ja positive Energie, die andere magisch anzieht und hilfsbereit stimmt. Außerdem bewirkt die Bewegung, dass man jede Mahlzeit und jede Pause intensiv auskostet.

Die meisten verbringen ihre Flitterwochen in einem luxuriösen Hotel, nicht aber ein Jahr lang auf dem Sattel eines Fahrrads. Wie seid ihr auf diese Idee gekommen?

T: Wir wollten auf keinen Fall das tun, was alle machen. Jung verheiratet und noch ohne Kinder bedeutete: jetzt oder nie! Als wir unseren Hochzeitsgästen verkündeten, dass wir ihre Geldgeschenke für eine einjährige Radreise verwenden wollten, scherzte ein Freund: »Thibault, du willst wohl deine Frau umbringen, gib's zu!«

N: Ich weiß auch nicht, warum ich Ja zu dieser verrückten Idee von Thibault sagte! Ich vertraute ihm einfach und betrachtete unsere Reise als eine Chance, zusammen die Welt kennenzulernen. Und natürlich sind ein Jahr Flitterwochen auf dem Fahrrad preisgünstiger und zugleich aufregender als eine Woche auf den Malediven!

^ *Traditioneller Kebab in Qazvin, Iran, nach einem langen Tag auf dem Rad.*

> *Beim Schieben der Räder durch die engen Gassen von Abyaneh, Iran.*

Die von euch geplante Route sollte von Thibaults Heimatstadt in Frankreich zu Nguyêns Heimatstadt in Vietnam führen. Wie lange dauerten die Vorbereitungen für diese Tour von der Idee bis zum Aufbruch?

T: Insgesamt etwa ein Jahr. Zuerst trainierten wir ein wenig in Vietnam, dann machten wir eine sechswöchige Tour durch Frankreich. Von dort aus wollten wir starten, weil Nguyên noch wenig Erfahrungen auf dem Rad hatte. In Europa waren die Versorgung und die körperliche Beanspruchung besser überschaubar. Auch die Ausrüstung war in Frankreich leichter zu beschaffen. Zudem sollte unser Abenteuer im April beginnen, wenn in Europa perfekte Bedingungen für Radtouren herrschen, es in Vietnam aber heiß und feucht ist.

Ich denke, es war die richtige Entscheidung, denn Nguyên baute in Europa genügend Kondition und Routine auf, um sicher durch den Mittleren Osten, Indien und Südostasien fahren zu können.

Im Familien- und Freundeskreis wirkt die Nachricht über eine Radreise durch viele Länder oft alarmierend. Wie schonend habt ihr eure Pläne publik gemacht?

N: Thibaults Familie wusste, dass er sich gerne in Abenteuer stürzt, und war nicht wirklich überrascht, sondern bestärkte ihn sogar. Bei mir war das ganz anders. Ich bin die jüngste Tochter einer Familie, die mich stets vor Gefahren behüten wollte. Meinen Eltern mussten wir unsere Pläne Schritt für Schritt näherbringen. Erst sagten wir ihnen, wir hätten vor, uns ein Jahr lang die Welt zu anzusehen. Später fügten wir hinzu, in Europa mit dem Rad reisen zu wollen, weil es dort sicher sei, dann aber mit dem Zug weiterzufahren. Am Ende gestanden wir ein, den ganzen Trip auf dem Rad machen zu wollen. Anfangs hat ihnen das ziemlich zu schaffen gemacht, aber als sie sahen, dass ich mich unterwegs sicher und glücklich fühlte, entspannten sie sich ein wenig. Doch ihre Besorgnis blieb, vor allem als wir durch Länder wie den Iran oder Indien reisten.

Habt ihr bei euren Arbeitgebern ein Sabbatjahr beantragt oder eure Jobs gekündigt? Und hattet ihr euch für eure Tour selbst ein zeitliches Limit gesetzt?

T: Ich hatte in Vietnam einen Vertrag, der ohnehin auslief. Zudem zeigte die Personalabteilung meiner Bank Verständnis für meine Reisepläne und teilte mir mit, die Tür stünde für mich offen, um später wieder einzusteigen.

N: Da wir uns nicht unter Zeitdruck setzen wollten, kündigte ich meine Stelle. Wir können nur jedem empfehlen, sich beim Reisen die größtmögliche Freiheit zu nehmen, um die Orte und die Begegnungen intensiv genießen zu können.

Wurdet ihr unterwegs oft gefragt, ob ihr verheiratet seid? Und habt ihr die ganze Zeit eure Eheringe getragen? Falls ja, hat das irgendwo als Beweis für eure Ehe gedient?

In Aserbaidschan, im Iran und in Indien wurden wir das ständig gefragt. Und ja, wir trugen unsere Eheringe, die wir nicht zu Hause lassen wollten. Beim nächsten Mal würden wir uns vielleicht zwei billigere Ersatzringe zulegen und so die Gefahr reduzieren, ausgeraubt zu werden. Doch hin und wieder halfen die Ringe als Beweis für unsere Ehe und verhinderten so unangenehme Situationen, denn manche Männer verhalten sich einer verheirateten Frau gegenüber respektvoller.

Wir hatten auch unsere Eheurkunde dabei, die wir im Iran einem Muslim vorlegen mussten, damit wir als Paar gemeinsam in unserem Zelt schlafen durften.

Vielen frisch verheirateten Paaren wird eine Radreise nicht unbedingt romantisch erscheinen. Wie war das bei euch?

Es kommt darauf an, was man unter romantisch versteht. Wem dabei ein Dinner mit Champagner, Rosen, Kerzen und Geigenmusik vorschwebt, für den ist eine Radtour wohl nicht das Richtige. Aber wenn Romantik für dich bedeutet, eindrucksvolle Erfahrungen zu teilen, Herausforderungen gemeinsam zu bewältigen und daran zu wachsen oder vom Zelt aus herrliche Sonnenaufgänge zu erleben, für den kann eine Radreise äußerst romantisch sein!

Die größte Herausforderung besteht darin, die ganze Zeit rund um die Uhr beisammen zu sein. Dabei ist es wichtig, dem anderen den Freiraum zu lassen, den er braucht. Ehrliche Kommunikation, Fürsorglichkeit und die Liebe zum Partner oder der Partnerin spielen eine zentrale Rolle.

Eines der wichtigsten Ziele eurer Reise war es, für jeden gefahrenen Kilometer einen Dollar an Spendengeldern für Poussières de Vie zu sammeln. Was macht diese NGO?

N: Thibault arbeitete bereits ehrenamtlich für Poussières de Vie, bevor wir uns kennenlernten. Es handelt sich eine französisch-vietnamesische NGO, die sich darum kümmert, dass vietnamesische Straßenkinder wieder in die Schule gehen, einen Beruf erlernen und so eine Zukunftsperspektive erhalten.

Als wir in Saigon lebten, beschlossen wir, drei von der NGO betreute Schwestern finanziell zu unterstützen. Außerdem brachten wir ihnen Englisch bei und kümmerten uns um ihre gesundheitliche und familiäre Situation.

Um mehr Kindern helfen zu können, richteten wir mit der NGO eine Spendenplattform ein. Mit dem dort gesammelten Geld sollte in Saigon eine neue Schule gebaut werden. Es war ein unbeschreibliches Gefühl, als die erhofften 16 000 Dollar tatsächlich beisammen waren.

Würdet ihr auch anderen Paaren eine lange Radreise als Flitterwochentour empfehlen?

N: Unbedingt! Aber beide müssen von dem Konzept einer derart langen Reise wirklich überzeugt sein. Wir kennen mehrere Paare, die bei dem Versuch scheiterten. Ein solches Abenteuer kann nur gelingen, wenn beide zu 100 Prozent dazu bereit sind.

28

LÄNGERE TRIPS

ALS NEUSTART

@becbycycle + @adventuresbycycle

Becky Norman
Neuseeland (1992)
Social-Media-Managerin

Sam Rice
England (1988)
Technical Recruiter

Unsere Tour:
von Ho-Chi-Minh-Stadt, Vietnam, nach Kathmandu, Nepal (9 Monate)

UNSERE GESCHICHTE

S: Nachdem ich fast zehn Jahre lang Alkoholiker gewesen war, wurde das Fahrrad zu meiner täglichen Therapie und verhalf mir zu einer Klarheit, die ich zuvor nie erlangt hatte. Meine Vergangenheit hinter mir zu lassen und die Welt auf dem Rad zu erkunden, war für mich der wichtigste Schritt zu einem neuen Leben.

Bec traf ich in Australien. Sie war bereits viel gereist, hatte aber noch nie länger als ein paar Kilometer auf einem Rad gesessen. Was uns damals verband, war die Unzufriedenheit mit unseren Jobs und die Sehnsucht nach einem Abenteuer in unserem Leben.

Ob ihr es glaubt oder nicht: Wir kannten uns erst vier Wochen, als wir beschlossen, gemeinsam mit dem Rad um die Welt zu fahren. War das pure Verrücktheit? Spontanität? Sinn für Romantik? Entscheidet selbst!

So ungewöhnlich unser gemeinsamer Beginn auch war, so sehr wuchsen unsere Freundschaft und Liebe durch die gemeinsam bestandenen Abenteuer. Natürlich war es nicht immer einfach, schließlich kannten wir uns anfangs kaum. Wir waren einfach nur zwei verliebte Menschen, die auf ihren Rädern die Welt entdeckten und dabei stetig neue Länder, neue Kulturen und neue Sprachen kennenlernten!

Was motiviert euch, mit dem Rad zu reisen?

Es ist besonders die alle Sinne ansprechende und geradezu süchtig machende Erfahrung, Tag für Tag und Land für Land ungefiltert die vielen unterschiedlichen Naturkulissen, Geräusche und Gerüche in sich aufzunehmen. Beim Klangteppich des Dschungels, den Vögel, Affen und rauschende Flüsse erzeugen, hat man den Eindruck, sich inmitten einer Dokumentation von David Attenborough zu befinden. Und inmitten des lebendigen Treibens in den Großstädten fremder Kulturen lässt dich der verführerische Duft exotischer Speisen fast vom Rad fallen. Keine andere Art des Reisens bietet auch nur annähernd so viele authentische Eindrücke!

Ihr habt eure Jobs an den Nagel gehängt und seid lieber durch die Welt geradelt. Wie kam es zu dieser Entscheidung? Und fiel euch die Umstellung schwer?

S: In meinen Zwanzigern war ich die meiste Zeit damit beschäftigt, mich als Recruiter zu profilieren und Geld zu sparen. Ich wusste nur nicht wofür! Innerhalb eines Jahres änderte sich mein Leben von Grund auf, als ich das Radfahren für mich entdeckte. Dann traf ich zufällig auf einen Landsmann, der in den 70er-Jahren die Welt auf dem Rad umrundet hatte. Seine begeisterten Erzählungen entzündeten in mir einen Funken und ließen mich nicht ruhen. War das auch das Richtige für mich? Kurz entschlossen kündigte ich, zog zwei Wochen später aus meiner Wohnung aus, besorgte mir ein Trekkingrad und begann, Australien zu umrunden.

B: Der Wechsel vom Achtstundentag im Büro zur Vollzeitreisenden fiel mir nicht schwer, denn ich hatte zum Glück zuvor schon mehrere Überseereisen gemacht. Wirklich ungewohnt war die immense körperliche Anstrengung beim Radfahren! Die ersten Wochen in der extremen Hitze Vietnams waren wie in einem Bootcamp, machten mich jedoch fit für alles, was danach kam.

Pause am Strand Sam Roi Yot in Thailand.

Da ihr euch kaum kanntet, war es durchaus riskant, zusammen auf Tour zu gehen. Inwiefern hat die Reise eure Beziehung gefestigt? Hattet ihr jemals Zweifel, dass es funktionieren könnte?

B: Unsere Radreise hat uns auf vielerlei Weise enger zusammengeschweißt. Wir sagen immer, dass ein Monat auf dem Rad einem Jahr Ehe entspricht. Allein beim Radfahren erlebt man körperlich und mental so viele Höhen und Tiefen. Zum Glück gehen wir beide sehr offen damit um, was wir von einer Partnerschaft erwarten. Und eine klare Kommunikation ist äußerst wichtig, wenn man als Paar auf der Straße vor Herausforderungen steht, die man oft selbst nicht beeinflussen kann.

Am Anfang stellten wir fest, dass vieles nicht funktionierte. Sam trieb mich zu sehr an und erwartete zu viel von mir. Aber dann fanden wir unseren Rhythmus, und wenn es nötig war, schlossen wir Kompromisse. Außerdem hatten wir anfangs auf unseren Trekkingrädern mit großen Packtaschen viel zu viel Gepäck dabei. Nach sechs Monaten wechselten wir zum Bikepacking und konnten dann auch leichter auf Offroad-Routen ins Hinterland vorstoßen.

Hat die Reise auf dem Rad dazu beigetragen, eure psychische Gesundheit zu verbessern und neue Einsichten zu gewinnen?

S: Absolut! Radfahren eignet sich wunderbar dazu, die äußere Umgebung und zugleich die eigene mentale Verfassung zu erkunden, denn man hat unterwegs viel Zeit zum Nachdenken, in sich hineinzuhören und Gewohntes in Frage zu stellen.

Was großen Einfluss auf uns hatte, war die Tatsache, dass wir mit dem Beginn unserer Reise völlig neue Prioritäten setzten. Ängste, die uns früher belastet hatten, waren plötzlich verflogen. Nun standen menschliche Grundbedürfnisse im Vordergrund: genügend Wasser und Lebensmittel sowie ein sicherer Schlafplatz.

Nachdem wir schon einige Wochen unterwegs gewesen waren und die anfängliche Aufregung abgeklungen war, sagte Bec zu mir: »Sam, mir ist gerade klar geworden, dass alles, was ich zum Leben brauche, auf mein Fahrrad passt!« Das war eine wichtige Erkenntnis, und ich bin glücklich, dass ich diesen Augenblick mit ihr teilen durfte.

Was hat euch in Südostasien am besten gefallen? Gab es Situationen, die man nur in diesem Teil der Welt erleben kann?

Es gibt so viel, was man auf dem Rad an Südostasien zu schätzen lernt: äußerst günstige Unterkünfte, herrliches Wetter, makellose Strände, großartige Landschaften und unglaublich freundliche Menschen. Wir lernten dort eine Menge über Nachhaltigkeit, Traditionsbewusstsein, die Abhängigkeit von den Jahreszeiten – und über Reis! Es macht einfach große Freude, all die wunderbaren Gerichte zu probieren, die einem voller Stolz serviert werden.

Ein weiteres Highlight waren die Einheimischen. Ob wir auf einen buddhistischen Mönch trafen, ein Kind in einem Dorf oder eine alte Frau am Straßenrand – sie alle begegneten uns mit einem freundlichen Lächeln, Aufgeschlossenheit und Respekt. Häufig wurden uns kostenlos Essen, Kaffee und Wasser angeboten. Viele Besitzer von Restaurants, Läden oder Hotels luden uns ein, bei ihnen zu zelten, nachdem wir ins Gespräch gekommen waren oder sie eine Runde auf unseren Rädern gedreht hatten. Niemals fühlten wir uns dabei unsicher.

Wir beide stammen aus kapitalistischen Gesellschaften, wo alles und jeder seinen Preis hat. Deshalb haben die Erfahrungen mit diesen uneigennützigen und warmherzigen Menschen unser Leben und unsere Art, mit anderen umzugehen, völlig verändert.

Und was hat euch andererseits in Südostasien vor besondere Herausforderungen gestellt?

Vor allem die Hitze und die hohe Luftfeuchtigkeit. Jeden Morgen brachen wir bereits um sechs Uhr auf, da die Temperaturen mittags unerträglich anstiegen. Dann legten wir regelmäßig unsere »paradiesischen Zwangspausen« ein: So nannten wir die Stunden, in denen wir uns an einem Strand, im Café oder im Hotelpool abkühlten.

Wegen des schwülen Klimas und in dicht besiedelten Regionen empfiehlt es sich nicht überall, wild zu zelten. Oft suchten wir uns deshalb günstige Unterkünfte oder fragten, ob wir bei jemandem im Garten kampieren durften. Außerdem wurden wir vor allem in Thailand fast jeden Tag von bissigen Hunden verfolgt, die wir abschütteln mussten.

Was unterscheidet euch von »typischen« Radreisenden?

S: Nach vielen Begegnungen mit Langstreckenradlern aus aller Welt stellten wir gewisse Gemeinsamkeiten mit ihnen fest. Das Besondere an uns beiden ist aber, dass ich ein leidenschaftlicher Radfahrer bin, der auch gern reist, während Bec eine leidenschaftliche Reisende ist, die auch Rad fährt. Indem wir ständig aushandeln, ob wir fahren oder uns lieber Orte ansehen, sammeln wir auf spannenden Strecken tolle Reiseerfahrungen, die wir allein so nicht machen würden.

Auf der Suche nach Bangkoks bestem Pad Thai. v

魚翅
燕窩

KOGA

29

EINMAL UM DIE WELT

VON UNTERWEGS ARBEITEN

@cyclingabout

Alee Denham
Australien (1988)
Reisender, Autor, Filmemacher

Meine Tour:
Australien, Asien, Europa, Südamerika, Nordamerika (8 Jahre)

MEINE GESCHICHTE

Mit 18 unternahm ich als Backpacker meinen ersten Übersee-trip. In einem Hostel unterhielt ich mich mit anderen übers Reisen und erzählte, wie gern ich mit dem Rad fahre. »Wenn du Backpacker bist und das Radfahren liebst, warum reist du dann nicht mit dem Rad?«, wurde ich gefragt. In diesem Augenblick ging mir ein Licht auf!

Nach dem Trip dachte ich nur noch daran, wie ich meine erste Radreise gestalten würde. Dann lernte ich jemanden kennen, der gerade in Asien mit dem Rad unterwegs gewesen war. Wir planten, nur wenige Monate später in Myanmar gemeinsam auf Tour zu gehen.

Der Trip haute mich um! Er war hart, aber ich sah Orte, an die ich als Backpacker nie gelangt wäre. Vor mir hatte sich nicht nur eine neue Welt aufgetan, sondern ich wusste nun auch, dass ich in der Lage war, diese Welt auf dem Rad zu umrunden. Und genau das setzte ich mir zum Ziel!

Was motiviert dich, mit dem Rad zu reisen?

Vor allem, dass man Länder nur auf dem Rad so eindrucksvoll erleben kann. Man hört die Vögel in den Bäumen singen, riecht die frische würzige Bergluft, spürt die Regentropfen auf der Haut und genießt herrliche Sonnenuntergänge.

Meine grenzenlose Neugier auf die Welt wird durch das Radfahren noch geschürt. Es fasziniert mich, immer wieder Neues über unseren Planeten zu erfahren und Wildtiere ganz aus der Nähe zu beobachten. Und es begeistert mich besonders, Menschen und Kulturen persönlich kennenzulernen, während ich beeindruckende Länder und Kontinente durchquere.

Du befindest dich derzeit auf einer dreijährigen Tour von Argentinien nach Alaska. Warum hast du dafür Ushuaia als Startpunkt gewählt?

Ich wollte am Jahresende starten. In Alaska herrschen dann -40 Grad, in Patagonien hingegen milde 10 Grad! Und es ist eine Legende, dass der Wind in Amerika immer aus nördlicher Richtung weht. Mit Ausnahme eines 1000-Kilometer-Abschnitts in Patagonien rechne ich mit mehr Rücken- als Gegenwind. Aber da ich ohnehin eher geschützte Routen bevorzuge, wird mein Windmesser wohl in der Tasche bleiben.

Du wählst oft abgelegene Abenteuerrouten. Was reizt dich so sehr daran?

Wenn ich meine Route festlege, suche ich auf den Karten immer nach den kleinsten verzeichneten Straßen. Meistens sind sie die schönsten. Auf ihnen herrscht wenig Verkehr und sie bedienen meine Abenteuerlust!

Zu den schlimmsten Situationen, die ich unterwegs erlebe, zählt es, wenn mich ein Lastwagen mit zusammengepferchten und verängstigten Tieren überholt, die tagelang leiden müssen, bevor sie geschlachtet werden.

Wie bringst du arbeiten und reisen unter einen Hut? Legst du zum Arbeiten jeden Tag einen Stopp ein oder alle paar Tage eine längere Pause?

Ich stelle technische Informationen über Trekkingbikes und deren Ausrüstung zusammen. Außerdem liefere ich Inspirationen für Radreisende. Meistens bin ich drei Wochen unterwegs, ohne einmal meinen Laptop aufzuklappen. Dann aber sitze ich bis zu zwei Wochen davor, um meine Erlebnisse auf der Straße und meine Gedanken dazu aufzuschreiben.

Die Dokumentation deines Trips erfordert viel Zeit. Tust du das eher zu deinem Vergnügen oder weil es dir mehr Leser für deine Publikationen beschert?

Ich verbringe die meiste Zeit meines Lebens damit, meine Reiseerfahrungen mit anderen zu teilen. Das tue ich aus purer Leidenschaft, denn mein Stundenlohn dabei ist lausig. Da ich aber sparsam lebe, komme ich klar.

Für deine Arbeit musst du eine umfangreiche Camping- und Fotoausrüstung dabeihaben. Welche Tipps hast du zur Optimierung ihres Umfangs und Gewichts?

Das wichtigste Auswahlkriterium ist für mich die Zuverlässigkeit der Ausrüstung. Ultraleichtes Equipment verwende ich nur, wenn ich darauf vertraue, dass es auch bei täglichem Einsatz mehrere Jahre funktioniert. Ihr glaubt ja nicht, was mir im Laufe der Zeit alles schon kaputtgegangen ist! Mit meiner derzeitigen Ausstattung bin ich jedoch sehr zufrieden.

Für die Fotos verwende ich ein kleines Dreibeinstativ mit meiner Panasonic G9. Für Schnappschüsse habe ich außerdem immer eine GoPro Hero 6 griffbereit in der Tasche. Kürzlich habe ich mir noch eine DJI-Mavic-Drohne zugelegt. Es macht Spaß, mit ihr aus der Luft das Terrain zu erkunden, durch das ich fahren will.

Schränkt es dich bei der Wahl deiner Ausrüstung eher ein, dass du Sponsoren hast? Und nach welchen Gesichtspunkten suchst du sie dir aus?

Ich bin in der glücklichen Lage, dass Dutzende von Firmen mit mir zusammenarbeiten wollen. Ich picke mir aber nur Sponsoren heraus, deren Produkte ich guten Gewissens weiterempfehlen kann. Schon aus Eigeninteresse handelt es sich dabei um qualitativ hervorragendes Equipment, weil ich mich Tag für Tag bei meinen Abenteuern darauf verlassen muss, dass alles funktioniert. Und das sollen auch andere erfahren!

Du bist über dreißig. Viele werden dich schon gefragt haben, warum du mittlerweile nicht eine Familie gegründet hast und ein »normales« Leben führst. Was antwortest du darauf?

Nach meiner Auffassung machen die meisten Leute einfach zu wenig aus ihrem Leben. Wenn man die Möglichkeit dazu hat und damit niemandem schadet, sollte man sich und seine Zeit vor allem den Dingen widmen, die man liebt, und die Dinge meiden, die man nicht mag. Dieser Devise folge ich und frage mich jeden Tag, ob ich meine Zeit optimal nutze. Habe ich Freude an dem, was ich tue? Und wenn nicht, wie kann ich das ändern?

Wenn ich mir vorstelle, ich besäße alles Geld dieser Welt und könnte tun und lassen, was ich wollte, wie würde ich dann leben? Genau so, wie ich es gerade tue! Ein »normales« Leben mit einer vorhersehbaren Zukunft erscheint mir wie ein Leben, das man bereits hinter sich hat und nichts Neues mehr bietet. Ich will mich aber jeden Tag überraschen lassen. Hätte ich einen »normalen« Job und einen festen Wohnsitz, würde das genau die vorhersehbaren Konsequenzen nach sich ziehen, die ich unbedingt vermeiden will.

Kurz gesagt: Ich kann mir nach meinen Maßstäben kein besseres Leben als mein jetziges vorstellen. Warum sollte ich daran etwas ändern wollen?

Welche waren die faszinierendsten Routen, die du in den letzten Jahren gefahren bist?

– Die gesamte Peru-Divide-Route. Sie führt in großer Höhe über einsame Pisten durch die Anden – mit unglaublich vielfältigen Landschaften, Felsformationen sowie jeder Menge wild lebender Tiere.

– Der Huascaran Loop in Peru. Er führt durch die höchste und Demut gebietende Region der Anden mit 17 Gipfeln von über 6000 Meter Höhe.

– Die Route 40, nördlich von Cafayate, Argentinien, bis über den Sico Pass, Chile. Sie beginnt in einer wüstenähnlichen Region zwischen roten und weißen Felsen, führt dann auf eine karge Hochebene und von dort durch fast unwirkliche Landschaften mit gelben Gräsern, buntem Gestein und kristallblauen Gewässern.

– Der Salar de Uyuni in Bolivien ist mit 140 Kilometern Durchmesser die größte Salzpfanne der Welt. Steht man in der Mitte, ist der Boden bis zum Horizont schneeweiß und der Himmel von reinstem Blau.

– Die Wege im Hinterland Costa Ricas sind auf ihre Weise alle großartig, aber vor allem die artenreiche Tierwelt nimmt dir den Atem.

Was unterscheidet dich heute von dem Mann, der vor vielen Jahren Melbourne verließ?

Ich glaube nicht, dass ich heute ein grundsätzlich anderer Mensch bin. Die meisten Lektionen lernte ich auf meinen ersten Reisen. Der größte Entwicklungsschritt der letzten Jahre bestand darin, dass es nun gerade meine ungewisse Zukunft ist, die mich glücklich macht. Alles hängt davon ab, wem ich begegnen werde, was mir in den Sinn kommt und welche Inspirationen ich erhalte.

Nach meiner derzeitigen Tour werde ich wahrscheinlich an der Dokumentation meiner Reisen durch Afrika weiterarbeiten. Und ich war noch immer nicht in Skandinavien. Sicher weiß ich nur, dass ich das Beste aus meinem Leben machen werde!

30

EINMAL UM DIE WELT
MIT KNAPPEM BUDGET

@lajuana.bike

Juanita Arias Palacio
Kolumbien (1991)
Bauingenieurin

Meine Touren:
von Ho-Chi-Minh-Stadt, Vietnam, nach Barcelona, Spanien (12 Monate)
von Ushuaia, Argentinien, nach Armenia, Kolumbien (9 Monate)

MEINE GESCHICHTE

Ich wurde in einer kleinen Stadt in den kolumbianischen Kaffeebergen geboren. Von klein auf brach ich – ebenso verträumt wie erfindungsreich – zu Fuß und auf dem Rad zu meinen Abenteuern auf. Mit 17 reiste ich als Backpackerin durch Südamerika, was für mich eine sehr glückliche Zeit war. Danach kehrte ich zurück, studierte Bauingenieurwesen und arbeitete dann für eine der größten Baufirmen des Landes. Aber Büroarbeit war einfach nichts für mich.

Deshalb kündigte ich und ging im Rahmen eines Austauschprogramms nach Deutschland. Dort nahm mein Leben schließlich eine entscheidende Wendung. Nach einem Jahr stand ich vor der unausweichlichen Frage, was ich mit meinem Leben anfangen wollte: In Deutschland studieren, wieder zurück nach Kolumbien gehen, um dort als Ingenieurin zu arbeiten, oder etwas ganz anderes anfangen? Tagelang fragte ich mich, was mich wirklich glücklich machen würde. Was würde ich ungeachtet aller sozialen Verpflichtungen und finanziellen Möglichkeiten am liebsten tun, um die Träume zu verwirklichen, die ich schon als kleines Mädchen hatte? Die Antwort war eindeutig. Ich würde auf eine große Reise gehen, um mir die Welt anzusehen, wie ich es mir immer ausgemalt hatte. Also beschloss ich, diesen Traum wahr werden zu lassen und mich mit meinem Rad auf den Weg zu machen.

Goodbye Asien und … hallo Europa! Ich habe es bis Griechenland geschafft. ^

Was motiviert dich, mit dem Rad zu reisen?

Seit meiner Jugend bin ich das Radfahren gewöhnt. Ich mag es, mein Tempo selbst zu bestimmen und herauszufinden, wo meine körperliche Leistungsgrenze liegt. Ich mag auch die enge Verbundenheit zu den Menschen und der Umgebung, die ich auf dem Rad erlebe. Schritt für Schritt habe ich mich in diese Maschinen verliebt. Und als mir klar wurde, dass ich auf dem Rad jeden Ort erreichen konnte, nach dem mein Herz sich sehnte, beschloss ich, mir meinen Traum zu erfüllen und die Welt auf dem Sattel zu entdecken.

Was hat den Ausschlag gegeben, an diesem Punkt deines Lebens auf Weltreise zu gehen?

Als ich jung war, hörte ich immer Sätze wie: »Man lebt nur einmal!« »Lebe deinen Traum im Hier und Jetzt!« »Tu nur das, was dich glücklich macht!« ... Aber ich sah viele, die mit ihren Berufen unzufrieden waren, unter der Alltagsroutine litten und ihre Träume aufgegeben hatten. So wollte ich nicht leben.

An vielen Tage grübelte ich mit gemischten Gefühlen, was ich tun sollte. Dann erhielt ich die schlimme Nachricht, dass eine Schulfreundin von mir durch einen Verkehrsunfall ums Leben gekommen war. Sie war so alt wie ich gewesen und hatte gewiss auch noch viele Pläne gehabt. Das war der Zeitpunkt, an dem ich erkannte, dass all diese Sätze aus meiner Kindheit zutrafen. Ich fragte mich: Was würdest du tun, wenn du wüsstest, dass du bald sterben musst? Die Antwort war ganz einfach: eine Weltreise mit dem Rad machen!

Du musstest dir für die Reise erst die gesamte Ausrüstung zulegen. Wie hast du die Kosten dafür in Grenzen gehalten? Welche Tipps kannst du geben?

Ich hatte nicht das Budget, um mir eine Top-Ausrüstung kaufen zu können. Aber ich war schon immer einfallsreich und wusste mir zu helfen. Töpfe und andere nützliche Dinge hatte ich in meinem Haushalt, und meinen Campingkocher baute ich mir selbst. Da ich kein Geld für einen neuen Schlafsack hatte, besorgte ich mir einen gebrauchten. Viele denken, dass man sich alles neu anschaffen muss, obwohl das Benötigte oft bereits zur Hand ist. In Vietnam kaufte ich auch mein Rad gebraucht. Es stammte nicht von einer renommierten Marke, war aber robust und in gutem Zustand. Auch heute fährt es sich nach 30 000 Kilometern noch immer tadellos.

Warum hast du deine Tour ausgerechnet in Vietnam begonnen? War das eine strategische oder rein subjektive Entscheidung?

Mein deutsches Visum lief ab, deshalb musste ich Europa verlassen. Und ich wollte meinen Trip so weit entfernt wie möglich von meiner Heimat beginnen, also kam Südamerika nicht in Frage. Wegen der günstigen Lebenshaltungskosten und der reizvollen Kultur kam ich auf Südostasien. Dann half mir ein Freund, das billigste Flugticket in die Region zu finden, nämlich nach Ho-Chi-Minh-Stadt. Als ich auf die Landkarte blickte, war ich von der Idee sofort begeistert.

Du bist mit einem sehr begrenzten Budget gestartet, etwa 1600 Euro. Hattest du nie Angst, dir könnte unterwegs das Geld ausgehen? Gab es einen Notfallplan?

Für jeden, der mit einem schmalen Budget reist, zählt es zu den größten Sorgen, plötzlich ohne Geld dazustehen. Das war bei mir nicht anders. Aber ich war entschlossen, mich dadurch nicht aufhalten zu lassen. Zudem baute ich darauf, notfalls einen Job anzunehmen und mir genügend Geld für die Fortsetzung meiner Reise zu verdienen. Und ich glaube in meinem tiefsten Herzen daran, dass man das ganze Universum auf seiner Seite hat, wenn man ein Ziel unbeirrbar verfolgt!

Im Durchschnitt kam ich mit etwa sechs Euro pro Tag aus. Ich hatte zwar kein striktes Tageslimit, sagte mir aber, dass ich umso weiter käme, je weniger ich ausgab. Also kaufte ich nur das Nötigste, kampierte wild, sooft es ging, oder übernachtete bei Warmshowers-Hosts und in günstigen Hostels. So konnte ich mir ab und zu auch ein Bier oder eine Leckerei gönnen.

Während eines Unwetters in den Bergen von Ecuador. >

Nachdem du Europa bereist hattest, kehrtest du für etwa einen Monat nach Hause zurück, um dir Geld für die Fortsetzung deiner Tour in Südamerika zu verdienen. Ging der Plan auf?

Bei meiner Rückkehr hatte ich keinen speziellen Plan, wie ich an das Geld kommen sollte. Aber zusammen mit einem Freund stellten wir T-Shirts her, die mit meinem Trip zu tun hatten. Wir beschrifteten sie mit einem Satz, der mir sehr gefällt: »Die wahre Reise ist die Reise nach innen!« Ebenfalls mit der Hilfe von Freunden organisierte ich in einer Bar einen erfolgreichen Musikabend. Das Geld, das ich mit diesen Ideen verdiente, reichte für die Fahrt von Ushuaia nach Armenia in Kolumbien: rund 13 000 Kilometer in neun Monaten.

Hast du auf den verschiedenen Kontinenten große Unterschiede hinsichtlich der Gastfreundlichkeit und im Umgang miteinander erlebt?

Eine der wichtigsten Erkenntnisse meiner Reise ist, dass die Menschen – trotz aller Unterschiede – in den Grundzügen ihres Wesens gleich sind. Unabhängig von unserer kulturellen und religiösen Prägung haben wir alle dieselben Grundbedürfnisse. Und nachdem ich auf meiner Reise viele Länder gesehen habe, kann ich sagen, dass ich überall auf große Gastfreundschaft getroffen bin. Offensichtlich eint uns Menschen der Wunsch, anderen zu helfen. Unterschiedlich ausgeprägt ist nur die kulturell bedingte Art und Weise, wie wir miteinander umgehen und unsere Gastfreundschaft zeigen. Wenn ich in China eine Familie auf dem Land fragte, ob ich in der Nähe ihres Hauses zelten dürfe, wurde ich sofort eingeladen, drinnen zu übernachten. In Russland durfte ich zwar mein Zelt aufbauen und mir wurde eine Tasse Tee angeboten, aber eher selten folgte die Aufforderung, im Haus zu schlafen. In Vietnam musste ich nicht einmal fragen: Die Leute kamen von sich aus zu mir und quartierten mich bei sich ein!

Hat dich dein schmales Reisebudget stark beeinträchtigt – oder vielleicht sogar in mancher Hinsicht bereichert?

Wenig Geld zu haben, zwang mich Dinge zu tun, die ich mit einem größeren Budget nicht getan hätte. Doch da ich es mir nicht leisten konnte, regelmäßig in festen Unterkünften zu schlafen, zeltete ich an wunderschönen Plätzen. Und weil mich die Kälte frühmorgens aufschreckte, erlebte ich herrliche Sonnenaufgänge. Ich habe Abende im Kreise von Familien verbracht, bei denen ich mich sofort zu Hause fühlte, und ich spürte eine tiefe Nächstenliebe, wenn Kinder und fremde Menschen zu meinem Zelt kamen, um zu fragen, ob ich etwas bräuchte. Durch die vielen Nächte draußen lernte ich den Wert eines Bettes und eines Daches über dem Kopf zu schätzen. Außerdem brachte ich mir selbst bei, mein Fahrrad zu reparieren. So machte ich mich unabhängig und konnte das Geld für einen Mechaniker sparen.

Finanzielle Bedenken spielen bei der Planung einer langen Fahrradtour oft eine große Rolle. Welchen Rat hast du in der Hinsicht für andere?

Wer sich von solchen Bedenken beherrschen lässt, wird immer eine Ausrede finden, um zu Hause zu bleiben. Schlimmer ist es, wenn durch wichtige Verpflichtungen tatsächlich nicht die Zeit zur Verfügung steht, eine solche Reise zu unternehmen. Das nötige Geld, davon bin ich fest überzeugt, kann man sich durch Arbeit, eine pfiffige Idee oder ein Projekt beschaffen – wenn man es denn wirklich will.

Du hältst dich derzeit in Kolumbien auf und gönnst dir eine wohlverdiente Erholungspause. Hast du vor, deine Weltreise irgendwann fortzusetzen? Und wenn ja, wo?

Trotz oder gerade wegen der Unsicherheit, wie es mit Covid-19 weitergehen wird, lebe ich von Tag zu Tag und genieße all das, was ich auf der Straße vermisst habe. Zurzeit habe ich keine konkreten Pläne. Aber ich mache mich auf jeden Fall wieder auf den Weg!

OÑA

31

EINMAL UM DIE WELT

MIT VOLLEM GEPÄCK

@ryohei_oguchi_around_the_world

Ryohei Oguchi
Japan (1980)
Bauingenieur, Berater für Radtouren

Meine Tour:
Australien, Südamerika, Nordamerika, Afrika, Europa, Asien (8,5 Jahre)

MEINE GESCHICHTE

Ich reiste 2007 ein Jahr lang mit dem Rad durch mein Heimatland Japan. Zwei Jahre später brach ich zu meiner Weltreise auf, in deren Verlauf ich durch 157 Länder fuhr und dabei an 3364 Tagen insgesamt 155 502 Kilometer zurücklegte. Um mir dieses große Abenteuer zu ermöglichen, arbeitete ich fünf Jahre als Bauberater und sparte in der Zeit das nötige Geld.

Mittlerweile bin ich zurück in Japan, und ich kann sagen, dass sich all meine Träume erfüllt haben. Derzeit halte ich Vorträge und berichte gelegentlich in den Medien über meine Reise. Zudem veröffentliche ich meine eigenen Tourenführer und arbeite dank meiner Erfahrungenen durch Radreisen in diesem Bereich als Berater. Noch immer steige ich jedes Jahr auf den Sattel, um vor meinem 75. Geburtstag all die restlichen 38 Länder zu erkunden, die ich noch nicht gesehen habe. Außerdem will ich mit dem Rad noch zum Südpol und damit auf meinen siebten Kontinent. Man hört eben nie auf zu träumen!

Was motiviert dich, mit dem Rad zu reisen?

Man lebt nur einmal, und ich will – solange ich dazu in der Lage bin – etwas tun, auf das ich stolz sein kann.

Vor deinem Aufbruch hast du in Japan als Bauingenieur gearbeitet und so das Geld für deine lange Reise gespart. Was hast du geschätzt, wie viel du benötigen würdest? Und wie lange musstest du dafür arbeiten?

Mein Plan war es, in einem Zeitraum von sieben bis acht Jahren durch 120 Länder zu fahren. Dafür kalkulierte ich einen Bedarf von rund 10 000 000 Yen ein, heute etwa 64 000 Euro. Fast ein Drittel dieser Summe, 3 000 000 Yen, erhielt ich durch ein Stipendium an meiner Universität.

Für den Rest arbeitete ich fünf Jahre als Berater im Baugewerbe. Dabei legte ich so viel zurück, wie ich konnte, und brachte viele Opfer. Zum Beispiel beschränkte ich mich auf täglich zwei Reismahlzeiten morgens und mittags und verzichtete auf ein Abendessen.

Eine feste Anstellung und ein familiäres Umfeld zu haben ist in der japanischen Kultur sehr wichtig. Bist du auf viel Unverständnis und Ablehnung gestoßen, als du gekündigt und allen Lebewohl gesagt hast?

Obwohl meine Freunde mir den Rücken stärkten, konnten sie meine Motive nur teilweise nachvollziehen. Meinen Eltern erklärte ich, dass ich es später einmal bereuen würde, wenn ich meinen großen Traum nicht verwirklicht hätte. Und sie erwiderten, dass es wichtig für mich sei, mein Glück zu finden, anstatt viel Geld zu verdienen und ein unerfülltes Leben zu führen. Ich war sehr erleichtert, dass sie mir zutrauten, meinen Weg zu gehen.

Dein Rad war schwer beladen. Warum hast du so viel Gepäck mitgenommen? In welchen Situationen hat es sich als nützlich erwiesen?

Außer Lebensmitteln und meiner Campingausrüstung hatte ich eine Kamera und einen Computer im Gepäck. Hinzu kam eine Yogamatte für Entspannungsübungen. Als ich sieben Monate lang durch Westafrika radelte, hatte ich noch 44 japanische Bücher dabei, die mehr als zehn Kilogramm wogen. Außerdem kaufte ich mir eine Kaffeemühle und einen Espressokocher, um Kaffee machen zu können. Voll ausgestattet, war ich völlig unabhängig und konnte jederzeit gehen, wohin ich wollte.

Warst du der erste Japaner, der mit dem Fahrrad durch so viele Länder gereist ist?

Nein, es gab andere vor mir. Als ich 2009 aufbrach, waren zwei japanische Radfahrer bereits durch 117 Länder gefahren. Bis jetzt habe ich 159 Länder und Regionen besucht. Zahlenmäßig halte ich damit derzeit in Japan den Länderrekord.

Welche drei überflüssigen Dinge in deinem Gepäck hat du niemals benutzt?

Einige Ersatzteile, etwa Pedale, habe ich nicht benötigt, dennoch waren sie sinnvoll. Was sich als wirklich überflüssig erwiesen hat, waren ein Giftabsauger bei Bissen und Stichen, eine Solarbatterie und ein elektronisches Wörterbuch.

Zu viel Ausrüstung ist das eine. Andererseits kann man bei einer langen Tour schon angesichts der verschiedenen Jahreszeiten auf vieles nicht verzichten. Welche Dinge waren für dich auf deiner Weltreise unentbehrlich und warum?

– Eine Isomate ist bei kalten Nächten und Böden notwendig, wichtiger noch als ein Schafsack.

– Ein Mesh-Innenzelt schützt vor Moskitos und erlaubt bei Hitze die Zufuhr kühlender Frischluft.

– Ein Schlauchschal schützt gleichermaßen vor Sonnenbrand und Kälte, trocknet schnell und dient auch als Handtuch.

Du hast auch probiert, mit weniger Gepäck zu reisen. Was bevorzugst du: alles bei dir zu haben oder auf Dinge zu verzichten und leichter unterwegs zu sein?

Ich habe lieber alle meine Taschen dabei, ohne auf etwas verzichten zu müssen. Wenn ich mit nur 15 Stundenkilometern unterwegs war, wurde ich zwar von vielen anderen Radfahrern eingeholt, aber dann fuhren wir ein Stück gemeinsam und konnten uns unterhalten. Am Ende kam auch ich immer an mein Ziel, nur etwas langsamer.

Bist du in all den Jahren auf der Straße jemals in einen Verkehrsunfall verwickelt gewesen?

Das bin ich mehrmals, und zwar in Indonesien, Indien, im Iran, in Äthiopien und in Kamerun. Insgesamt verlor ich dabei vier Schneidezähne, konnte mir aber in Indonesien, Äthiopien, auf Jamaika und in Peru – als kostbare Souvenirs – Implantate einsetzen lassen.

Du hast eine große Zahl an Ländern und Kulturen kennengelernt. Welche Teile der Welt haben dich am meisten überrascht und warum?

Der Iran war die größte Überraschung für mich. Alles, was man in japanischen Zeitungen über dieses Land liest, steht in völligem Gegensatz zu meinen Erfahrungen. Die Menschen dort sind extrem gastfreundlich zu Reisenden – manchmal sogar so sehr, dass sie mich kaum weiterfahren ließen. Dieses Land hat mich am meisten beeindruckt.

Nach so langer Zeit auf dem Sattel kann die Heimkehr schwierig sein, wie man oft hört. Hattest du irgendwann Sorgen oder Befürchtungen, nach Japan zurückzukehren?

Ich wusste von Beginn an, dass meine Reise irgendwann ein Ende haben würde. In den ersten Jahren fragte ich mich noch, ob meine Motivation lange genug reichen würde, um meine Planung umzusetzen. Im dritten und vierten Jahr hatte ich mich an das ständige Umherziehen gewöhnt und Spaß daran gefunden. Im fünften und sechsten Jahr suchte ich dann nach Möglichkeiten, meine Rückkehr hinauszuzögern, zumal ich keine klaren Perspektiven für meine Zukunft in Japan hatte. Das klärte sich erst im siebten und achten Jahr. Von da an freute ich mich darauf, zurück in meine Heimatstadt zu kommen, wo meine Familie und Freunde auf mich warteten.

Im Laufe meiner langen Reise habe ich viele Herausforderungen und brenzlige Situationen bewältigt, neue Freunde gewonnen, viel Schönes erlebt und intensiv mein Leben genossen. Nach all dem habe ich heute vor nichts mehr Angst.

Egal wo – überall auf der Welt traf ich auf gastfreundliche Menschen. >

In Thailand erkrankte ich an Typhus und musste in Bangkok für fünf Tage in ein Krankenhaus. v

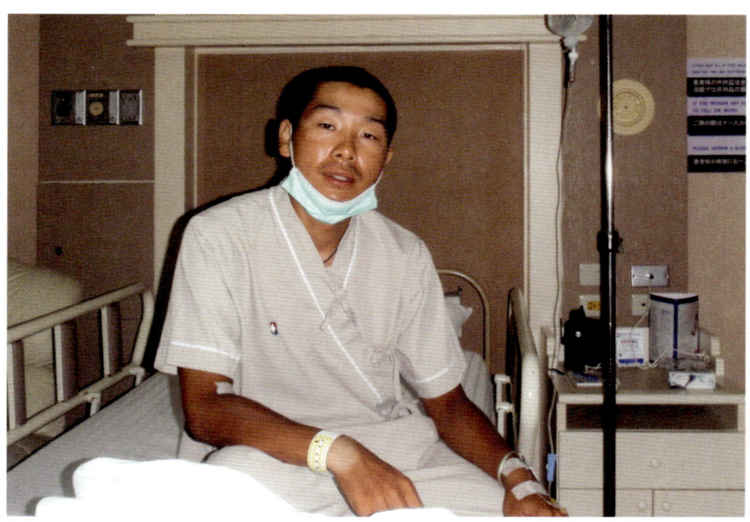

BOMBEROS

32

ALTER

NACH DEM EXAMEN

@benpagefilms

Ben Page
England (1991)
Filmemacher

Meine Tour:
Südamerika, Nordamerika, Asien, Afrika, Europa (3 Jahre)

MEINE GESCHICHTE

Ich bin Filmemacher und komme aus Yorkshire in England. 2014 machte ich im Alter von 22 meinen Universitätsabschluss in Geografie und flog nach Tierra Del Fuego an der Südspitze Südamerikas. Dort begann meine dreijährige Fahrradtour um die Welt. Aufgewachsen bin ich in einer sportbegeisterten Familie, meine Schwester ist professionelle Läuferin. Von Kindesbeinen an fuhren wir viel mit dem Rad. Meine Begeisterung war so groß, dass ich sogar eine Zeit lang von einem Profivertrag bei einem Fahrradhersteller träumte. Der Keim für eine Weltreise war gelegt.

Nach zwei Jahren auf der Straße – irgendwo in Georgien. ^

Beim Zelten hoch auf einem Gebirgspass in den Cordillera Huayhuash, Peru. >

Was motiviert dich, mit dem Rad zu reisen?

Schon als Kind und Jugendlicher machte ich mit der Familie an den meisten Wochenenden Fahrrad- und Campingtouren. Als ich älter wurde, brach ich vermehrt auch allein zu Trips auf. Für viele besteht der Reiz einer Radreise vor allem in der Schlichtheit. Dem kann ich nur zustimmen. Es sorgt für eine tiefe Zufriedenheit, wenn man über längere Zeit in seinen Packtaschen nur das Nötigste mit sich führt, was man für die Befriedigung der Grundbedürfnisse braucht. Was ich außer dem Radfahren selbst genauso liebe, ist die Ruhe am Ende eines langen Tages auf dem Sattel, wenn man das Zelt aufbaut, den Schlafsack ausrollt und mit müden Beinen dem Sonnenuntergang zusieht.

Als du mit 22 dein Examen gemacht hattest, bist du nicht ins Berufsleben eingestiegen, sondern mit dem Rad zu einer Weltreise aufgebrochen. Wann und wie kam es zu der Idee?

Den genauen Zeitpunkt, wann ich den konkreten Entschluss dazu fasste, weiß ich nicht mehr. Aber schon in meinen späten Teenagerjahren, als ich mich abzunabeln begann und Bücher über Weltreisen mit dem Fahrrad gelesen hatte, keimte in mir der Wunsch, mich ebenfalls in ein solch aufregendes Abenteuer zu stürzen. Und glücklicherweise hatte ich während meiner Jahre an der Universität noch Zeit genug, von meinem Studienkredit und durch diverse Teilzeitjobs ausreichend viel Geld zurückzulegen, damit ich meinen Traum nach dem Examen verwirklichen konnte.

Haben deine Familie und Freunde nicht versucht, dich von deinem Vorhaben abzubringen, und dir geraten, erst einmal ein paar Jahre zu arbeiten, um dein Leben in sichere Bahnen zu lenken?

Nein, überhaupt nicht! Ich kann mich nicht an einen einzigen Versuch von jemandem erinnern, mir die Reise ausreden zu wollen. Meine Familie und Freunde waren offensichtlich unvoreingenommen genug, das Positive daran zu sehen. Mit diesem Rückhalt und angesichts meines noch jungen Alters fiel es mir leichter fortzugehen, da mir auch nach der Reise meine Zukunft noch offen stehen würde.

Aber hast du nie befürchtet, dass es bei deiner Rückkehr nach England ohne entsprechende Berufserfahrung schwerer sein könnte, einen Job zu finden?

Da mit einem Studienabschluss in Geografie in England die einzige berufliche Perspektive darin besteht, als Lehrer zu arbeiten, war dies ohnehin nur mein Plan B.

Als junger Mensch hat man auf einer solchen Reise vermutlich Vorteile, zum Beispiel was Einladungen und Übernachtungsangebote betrifft, die man als älterer nicht hat. Kannst du das bestätigen?

Ja. Die Leute traten mir sicher mit ein wenig mehr Sympathie entgegen, weil ich jung war. Ich führte viele Gespräche mit Männern, die mich entweder darum beneideten, dass ich alles hinter mir gelassen hatte, um mich auf eine große Reise zu begeben, oder die wehmütig an die Abenteuer ihrer eigenen Jugendzeit zurückdachten. Aber darüber hinaus hatte ich in Jackson Hole, USA, eine besondere Begegnung. Es hatte den ganzen Tag geregnet, und ich war auf schlammigen Wegen unterwegs gewesen. Von Kopf bis Fuß verdreckt, erreichte ich die Stadt und schob mein Rad am Straßenrand entlang. Als ein großer Kerl nach mir rief und mit den Händen in den Hosentaschen auf mich zukam, rechnete ich damit, mir abfällige Bemerkungen anhören zu müssen. Stattdessen zog er seine Rechte aus der Tasche, drückte mir einige Scheine in meine verschmutzte Hand und sagte mir, ich solle mich sauber machen und einen Kaffee trinken.

Der Plan war, mit einem festen Budget in drei Jahren die Welt zu umrunden. Hattest du Sorgen, mit dem Geld nicht auszukommen?

Sicher, aber ich hatte mehr Geld gespart, als ich vor meiner Abreise für nötig gehalten hatte. Ich wusste, dass man auf einer Radreise nicht viel braucht, und im Notfall wollte ich unterwegs für ein paar Monate einen Job annehmen. Ich hatte jedoch nicht vorhergesehen, dass ich so viele Videos drehen würde, wodurch zusätzliche Kosten zum Beispiel für Festplatten, Kamerareparaturen entstanden. Dadurch kam ich mit meinem Budget an die Grenzen.

Welche Einschränkungen musstest du hinnehmen, um mit drei bis fünf Euro am Tag auszukommen?

Ehrlich gesagt, war das gar nicht so schwer. Bei einer Reise verursachen Übernachtungs- und Transportkosten die höchsten Ausgaben. Über beides musste ich mir keine Gedanken machen, da ich auf dem Rad unterwegs war und praktisch nie in Hotels oder Hostels schlief. Geld gab ich nur für Verpflegung aus. Abgesehen von ein oder zwei Lokalbesuchen in jedem Land, die ich als Belohnung betrachtete und die mein Tagesbudget nur um wenige Euro überstiegen, kochte ich immer selbst. Rückblickend bedaure ich jedoch sehr, nicht häufiger in kleinen Restaurants gegessen zu haben, weil die Küche eines Landes ein wichtiger Bestandteil der Kultur ist.

Warum wolltest du unbedingt nach Tuktoyaktuk im eisigen Norden Kanadas?

Ich war an der Südspitze Südamerikas gestartet, also wollte ich auch die Nordspitze Nordamerikas erreichen. Es war mir bewusst, dass es dann Winter sein würde. Ein Freund hatte mir empfohlen, zur Vorbereitung einige Erzählungen von Jack London zu lesen. Das tat ich abends, nachdem ich tagsüber unter der sengenden Sonne durch die chilenische Atacama-Wüste gefahren war. Wenn ich dann ausgestreckt dalag, verlor ich mich in die Abenteuer im fernen Norden, wo arktischer Frost und tosende Blizzards regierten. Dass das Welten entfernt von meinem damaligen aktuellen Aufenthaltsort war, faszinierte mich umso mehr. Und gerade die Aussicht auf das eisige Kanada motivierte mich zum Weiterfahren, wenn ich bei Hitze in monotonen Gegenden unterwegs war.

Als ich dann tatsächlich die kanadische Polarregion erreichte, war ich es so sehr gewohnt, meine Reise zu dokumentieren, dass ich auch über diese Gegend ein kurzes Video drehte.

Zurück in England nach drei Jahren auf dem Fahrrad.

Du bist über fünf Kontinente geradelt. Welcher davon hat den größten Eindruck bei dir hinterlassen?

Ohne jeden Zweifel Südamerika. Einen ganzen Kontinent von Süd nach Nord in voller Länge auf dem Rücken einer Bergkette zu durchqueren ist schlicht einzigartig. Zudem war es mein erster Kontinent. Da dort meine Reise ihren Anfang nahm, erlebte ich alles mit großen Augen – alles war neu und umso überwältigender. Ich erinnere mich auch an die Angst, die mir damals die ungeheure Vorstellung einjagte, dass noch drei ganze Jahre auf der Straße vor mir lagen. Dieser Zeitraum erschien mir unfassbar lang, vor allem wenn ich mich gerade eine der unzähligen, kräftezehrenden Steigungen hinaufquälte. Aber mehr und mehr gewannen euphorische Momente die Überhand, in denen ich mit klopfendem Herzen mein Glück in den Himmel hinaus brüllte, weil mir die Welt zu Füßen lag und ich mir nichts Schöneres vorstellen konnte, als sie zu erkunden.

Würdest du auch anderen jungen Leuten, die gerade ihre Schul- oder Universitätsausbildung beendet haben, eine Radreise empfehlen? Welche Tipps hast du für sie?

Ich würde unbedingt dazu raten, zumal es kaum einen besseren Zeitpunkt dafür gibt. Noch hat man nur wenige Verpflichtungen und unterliegt kaum äußeren Zwängen. Aufgrund meiner Erfahrungen halte ich eine Tour von etwa drei bis sechs Monaten für optimal. In ungefähr einem halben Jahr kann man einen Kontinent bewältigen. Damit hat man einen Start- und einen Zielpunkt vor Augen. Außerdem ist der Zeitraum lang genug, damit man seinen natürlichen Rhythmus findet und nicht ständig unter Druck steht, festgelegte Etappen zu absolvieren. Und die Zeit reicht auch, um wirklich viel zu erleben. Im letzten Jahr meiner Tour stellte ich fest, dass ich den Orten und den Menschen nicht mehr ganz so viel Begeisterung entgegenbrachte wie zu Beginn meiner Reise. Das Leben auf der Straße hatte einfach den Reiz des Neuen verloren und war zu einer Art Routine geworden.

SURLY

33

ALTER

IM RUHESTAND

@txurif

Blanca Fernández
Spanien (1958)
Ruheständlerin

Meine Touren:
von London nach Kambodscha (2 Jahre)
von Kairo, Ägypten, über Kapstadt, Südafrika, zur Elfenbeinküste (20 Monate)

MEINE GESCHICHTE

Ich wurde im Baskenland als Tochter eines Arbeiterpaares geboren, das vor der Armut geflohen war, die der Spanische Bürgerkrieg hinterlassen hatte. Um Englisch zu lernen, ging ich 1980 nach England und blieb dort.

Das Leben beschied mir viel Glück: meine zwei wundervollen Töchter Emma und Amaia, die mein ganzer Stolz sind, und großartige Freunde, die stets für mich da sind. Was ich tat, tat ich mit Liebe, und ich bekam viel Liebe zurück. Zudem genoss ich beruflich das Privileg, sinnvolle und erfüllende Tätigkeiten auszuüben.

Schon immer habe ich die Natur und vor allem die Berge geliebt. Daran hat sich nichts geändert. Meine Klettertouren führten mich nach Nepal, Ecuador, Spanien, Italien, Slowenien, in die Slowakei, nach Frankreich und Afrika.

Die Freiheit des Radreisens entdeckte ich 1983. Damals waren Fahrräder und die Ausrüstung erheblich schwerer als heute. Doch ich war jung und stark. Seither erkundete ich mit dem Rad Spanien, Frankreich und die Hebriden. Aber die Erfüllung eines lang gehegten Traums stand noch aus: eine wirklich große Tour.

Ein Jahr nach meinem Aufbruch erreichte ich die tibetische Region Kham. Eine Menge Gebetsfahnen kennzeichneten Gebirgspässe.

Was motiviert dich, mit dem Rad zu reisen?

Ich liebe es, auf Entdeckungstour zu gehen und Menschen kennenzulernen. Beides geht am besten auf dem Fahrrad. Das Tempo ist niedrig, und nichts steht zwischen dir und der Natur. Dadurch kommt es zu Begegnungen, die man bei anderen Arten des Reisens nicht erlebt.

Stell dir einen Augenblick lang vor, du bist gerade auf einer abgelegenen Straße in Kirgisistan. Beim Vorbeifahren ruft ein Schafhirte nach dir und deutet auf einen dampfenden Topf auf dem Feuer. Es ist kalt, und das wettergegerbte Gesicht des Hirten lächelt dich an. Du hältst einfach an, gesellst dich zu ihm, und während er dir heißen Tee einschenkt, holst du ein paar Kekse aus der Packtasche. Dreißig Minuten später verabschiedet ihr euch, als wärt ihr die besten Freunde. Hättest du dasselbe auch im Auto oder auf einem Motorrad erlebt?

Woher wusstest du, wann für dich der richtige Zeitpunkt für eine lange Tour gekommen war? Warum bist du nicht schon früher mit deinem Rad hinaus in die Welt gestartet?

Ich habe zwei Töchter. Sie für längere Zweit alleinzulassen, als sie noch jünger waren, kam für mich nicht in Frage. Ich wollte ihnen nahe sein, sie umarmen, mit ihnen lachen und miterleben, wie sie größer, erwachsener und unabhängiger wurden.

Außerdem war ich in alle Fallen des alltäglichen Lebens getappt: eine Hypothek, ein Job, der mich viel zu viele Stunden kostete, und der Zwang zum Sparen aus Angst vor Altersarmut. Ich fühlte mich total ausgelaugt, bis eines Tages das Glück an meine Tür klopfte. Unerwartet eröffnete sich mir die Möglichkeit, beruflich auszusteigen, und mittlerweile waren meine Töchter alt genug, um auch ohne mich zurechtzukommen. Die Zeit zum Aufbruch war gekommen.

Ich hätte meinen 59. Geburtstag nicht schöner feiern können, als mir aus der Luft die wunderbaren Feenkamine im türkischen Kappadokien anzusehen.

Dein Ziel war es, von der Welt so viel wie möglich kennenzulernen. Bis jetzt hast du große Teile Europas, Asiens und Afrikas gesehen. Was hast du dabei über das Leben gelernt?

Die Straße ist das Klassenzimmer des Lebens. Wenn man ihr mit offenen Augen und offenem Herzen folgt, lernt man unendlich viel über die Welt, über andere und über sich selbst. Entgegen vielen Vorurteilen habe ich am eigenen Leib erfahren, dass die Welt ein sicherer Ort voll guter und hilfsbereiter Menschen ist. Sie alle streben im Leben nach den gleichen Dingen wie ich: nach sauberem Wasser, Nahrung, warmer Kleidung, Schutz vor Unwetter und der Möglichkeit, ihren Kindern Bildung zukommen zu lassen, um ihnen ein besseres Leben zu ermöglichen.

Ich lernte auch, dass man keine gesprochene Sprache braucht, um miteinander zu kommunizieren. Und wie befreiend es ist, wenig zu besitzen und nicht alles kontrollieren zu können. Die größte Lektion war jedoch die Erkenntnis, dass man alles im Leben erreichen kann, wenn man es wirklich will.

Erleichterte dein Alter es dir an manchen Orten, mit Einheimischen in Kontakt zu kommen? Falls ja, wo besonders?

Falten und graue Haare sind eine großartige Visitenkarte, die dir überall Türen öffnet. Wo immer ich vorbeifuhr oder anhielt, wurde ich niemals als Bedrohung betrachtet. Was die Leute sahen, war eine Großmutter auf einem Fahrrad. Es war sehr angenehm, ausnahmslos mit Aufmerksamkeit und Respekt behandelt zu werden.

Diese Erfahrung hatte ich bereits bei meinem Trip in Ostasien gemacht, besonders aber in Afrika. Ich genoss die Art, wie die Leute mich in ihren Sprachen mit dem Wort für Großmutter begrüßten: mit »Bibi« in Kenia, »Jjajja« in Uganda, »Avo« in Angola und »Mommie« in Ghana. Oft legten sie mir ihre Babys in den Schoß, die meist schrien, weil sie noch nie eine weiße Frau gesehen hatten. So kam es dank meines Alters zu spontanen Kontakten, die ich als Jüngere vielleicht so nicht erlebt hätte.

Hat dich auf der anderen Seite dein Alter jemals davon abgehalten, etwas zu tun? Vor allem, wenn du an deine körperlichen Leistungsgrenzen kamst?

Es heißt, Altern sei nichts für Zartbesaitete. Das stimmt gewiss. Ab einem bestimmten Alter verliert der Körper schleichend Tag für Tag mehr von seiner Leistungsfähigkeit.

Einen Tiefpunkt erlebte ich in der Wüste Namib. Der tiefe Sand machte es mir unmöglich, das Rad zu fahren oder auch nur zu schieben. Zum ersten Mal hielt ich nicht aus freiem Willen, sondern wegen körperlicher Schwäche ein Auto an, um mitgenommen zu werden. Das war für mich schwer zu akzeptieren, aber unumgänglich.

Ich erkannte, dass ich die Leistungsgrenzen, die mir mein Alter auferlegte, nicht ignorieren konnte, war und bin aber keineswegs zu einer völligen Kapitulation bereit. In nicht allzu ferner Zukunft werde ich wohl nicht mehr in der Lage sein, mit dem Rad durch den Pamir zu fahren. Aber für den Donauradweg mit Kaffee und Kuchen als zweitem Frühstück wird es wohl noch reichen!

Afrika stellt spezielle Anforderungen an Radreisende. Welche Herausforderungen machten dir dort besonders zu schaffen?

Natürlich gab es in Afrika körperlich anstrengende Etappen, zum Beispiel als ich in großer Höhe im bergigen Königreich Lesotho unterwegs war, bei extremen Höchsttemperaturen von 46 °C durch den Sudan fuhr oder in der Namib Hunderte von Kilometern an öden und sandigen Pisten vor mir hatte.

Die größte Herausforderung war für mich aber keine physische, sondern eine mentale. Mir wurde überdeutlich vor Augen geführt, dass ich als Europäerin Privilegien genoss, die für die Menschen, denen ich in Afrika begegnete, unerreichbar blieben. Und mir war klar, dass auch sie dieses Missverhältnis und meinen relativen Wohlstand erkannten. Dieses Wissen bereitete mir Unbehagen. Ich konnte die überall wahrnehmbare Ungerechtigkeit nicht verdrängen und fragte mich oft, ob es moralisch gerechtfertigt war, dass ich durch diesen Kontinent reiste.

Wenn man lange Zeit in der Fremde unterwegs ist, erlahmt die Reiselust oft irgendwann. Erging es dir auch so?

Reisen war stets mein Lebenselixier. Ich liebe das Neue und Unbekannte, das mich jeden Tag erwartet. Wem werde ich begegnen? Wohin wird mein Weg mich führen? Früher fühlte ich nie Heimweh, sondern wollte immer nur weiter!

Doch nach 19 Monaten in Afrika kam irgendwann der Moment, an dem ich eine Veränderung an mir feststellte. Die Freude daran, Neues zu entdecken, war abgekühlt, und auch die Art, wie ich meine Familie und Freunde vermisste, hatte sich gewandelt. Selbst als ich durch die majestätischen Tropenwälder Westafrikas fuhr, berührte mich deren Schönheit nicht. Stattdessen zählte ich jeden Tag die Kilometer, die noch zwischen mir und meinem Zuhause lagen.

In Ghana wies mich jemand auf einen nur 25 Kilometer entfernt liegenden, wunderbaren Strand hin, doch ich dachte: Ach, nur ein weiterer Strand. Als ich am selben Abend vor Sehnsucht nach meinen Töchtern weinend im Zelt lag, wusste ich, dass der Zeitpunkt gekommen war, nach Hause zurückzukehren.

Viele Ältere denken, dass sie die Chance zu einer langen Reise verpasst haben. Wie würdest du sie vom Gegenteil überzeugen?

Der Wunsch und die Motivation, eine Radreise zu machen, muss von einem selbst ausgehen. Deshalb will ich niemanden dazu überreden, wie ich um die Welt zu radeln. Stattdessen würde ich folgende Frage stellen: Wie wäre es, im Rückblick auf sein Leben zu bedauern, dass man nicht einmal den Versuch unternommen hat, etwas in die Tat umzusetzen, was man sich sehnlichst gewünscht hat?

Man hat immer eine Chance, das zu tun, was man wirklich will. Jeden Tag bieten sich kleinere und größere Möglichkeiten dazu. Man muss sie nur erkennen und nach ihnen greifen.

In Sambia klaute mir diese kleine Grünmeerkatze einen ganzen Beutel mit Nüssen und hockte sich frech auf mein Rad, um ihren Raubzug fortzusetzen. >

BESONDERE PROJEKTE

»Die einzigen Grenzen setzt der eigene Wille. Und die schwierigste Hürde bei einer Radtour ist die Entscheidung zum Aufbruch.«

~ TANELI ROININEN ~

Wir kommen jetzt zum vielleicht sensibelsten Abschnitt dieses Buches. Bisher haben wir uns mit den Vor- und Nachteilen beschäftigt, wenn man Radtouren allein oder in Gemeinschaft unternimmt. Wir haben uns auch den Fragen gewidmet, was für und gegen verschiedene Packtaschenkonzepte, Fahrradtypen sowie kürzere und längere Touren spricht. Dass viele Argumente gegen Radtouren, etwa das eigene Alter oder Zeitmangel, nur scheinbare und überwindbare Hinderungsgründe darstellen, haben wir ebenfalls beleuchtet. Was aber ist, wenn man ein chronisches Leiden hat, das man nicht ignorieren kann? Oder wenn der Wunsch zu einer Radtour nicht nur der eigenen Reise- und Abenteuerlust entspringt, sondern dem Bedürfnis, sich künstlerisch zu verwirklichen oder anderen Menschen und der Umwelt etwas Gutes zu tun? Du erhältst in diesem Kapitel berührende Einblicke in das Leben von Leuten, die ihren Traum vom Reisen über die Furcht vor den Folgen für ihre Erkrankung stellten oder die sich weitaus größere Ziele setzten, als die Befriedigung eigener Bedürfnisse. Sei nicht überrascht, wenn du beim Lesen feuchte Augen bekommst.

34

MUSIKINSTRUMENTE IM GEPÄCK

ALS BAND AUF TOUR

@thebikingsproject

Maxo Cadel
Argentinien (1994)
Sounddesigner, Produzent

Franco Recht
Argentinien (1994)
Koch, Gärtner

Daniel Recht
Argentinien (1990)
Marketingfachmann

Unsere Tour:
von Perth nach Cairns, Australien (9 Monate)
von Kuala Lumpur, Malaysia, nach Bangkok, Thailand (9 Monate)

UNSERE GESCHICHTE

D: Franco ist mein Bruder, und wir kennen Maxo schon aus der Schulzeit und der Nachbarschaft. Die beiden waren seit jeher sehr gute Freunde. In unserer Familie wanderten wir regelmäßig in einer bergigen Region nahe Córdoba, Argentinien, die La Cumbrecita heißt. Maxo blieben solche Outdoor-Erlebnisse meist verwehrt, was seiner Abenteuerlust aber keinen Abbruch tat. Und schon als Kind begeisterte er sich für Musik und das Singen.

Im Alter von 18 gründeten Franco und Maxo die Band Guampas del Sur. Ihr Plan war, eine Backpacking-Tour durch Europa zu machen und dort als Straßenmusiker aufzutreten. Mit einer Gitarre und einem Cajón, einer kistenartigen Trommel, im Gepäck verwirklichten sie ihren Traum und reisten drei Monate lang umher. Danach trennten sich ihre Wege: Franco blieb in Europa, um sich allein auf eine lange Radtour zu begeben.

Auch ich war ein passionierter Radfahrer und hatte Trips nach Uruguay und Cuba unternommen. Aber erst, als ich in Australien lebte und dort im Sommer trotz extremer Temperaturen allein durch völlig entlegene Regionen geradelt war, kam mir die entscheidende Idee: Ich wollte das Abenteuer wiederholen, aber diesmal ganz Australien umrunden, und zwar in Begleitung. Also suchte ich nach jemandem, der über genügend Lust und Entdeckergeist verfügte, um dabei mitzumachen. Als ich Maxo und Franco davon erzählte, waren sie sofort Feuer und Flamme für den Plan.

Die abendlichen Gespräche beim Zelten gehörten zu den schönsten Momenten des Tages.

Was motiviert euch, mit dem Rad zu reisen?

– Das Unbekannte.
– Die Möglichkeit, uns selbst zu beweisen, dass wir unsere Träume realisieren können.
– Das Entdecken von ganz neuen Seiten unserer Identität.
– Die Erkenntnis, dass etwas Wirklichkeit wird, wenn man es nur anpackt.
– Ein Fahrrad erweitert deine Freiheit, durch die ganze Welt zu fahren und dort Menschen zu begegnen.
– Radreisen sind vermutlich die beste Art, die Welt zu erkunden, und unserer Meinung nach ein absolutes Muss!

Wie kam es zur Gründung und zum Namen eurer Band, Guampas del Sur?

D: Guampas ist ein südamerikanisches Dialektwort und bedeutet Hörner. Der Hintergrund: Bevor Maxo mit Franco als Musiker loszog, hatte ihn seine Freundin betrogen, ihm also sprichwörtlich Hörner aufgesetzt. Daher der Bandname. Die Ergänzung del Sur sollte darauf verweisen, dass wir aus Südamerika kommen. Die Band wurde 2013 gegründet, um zunächst in Europa auf der Straße zu musizieren. Mittlerweile haben wir auf diese Weise sehr viele Leute kennengelernt.

Der Alltag einer Radreise: Man nutzt jedes Dach und jeden Stromanschluss, den man finden kann.

Wie war es mit den Auftritten während eurer Australien-Tour? Konntet ihr Gigs im Voraus planen?

M: Zuerst spielten wir nur vor wenigen Leuten auf Farmen oder in kleinen Orten entlang der Route. Einmal musizierten wir bei einem Farmer, der völlig allein im Nirgendwo lebte und nach eigener Aussage seit 25 Jahren keine Livemusik mehr gehört hatte. Als wir Melbourne näherkamen und durch dichter besiedelte Gebiete radelten, rief Daniel mit dem Handy, das wir drei uns teilten, den Pub in dem Ort an, auf den wir zufuhren. Wir wurden tatsächlich engagiert, weil die Leute an unserer Geschichte interessiert waren. Das wiederholte sich viele Male. Als wir in Asien unterwegs waren, spielten wir meist auf der Straße und auf Märkten. Die Einheimischen dort zeigten sich sehr hilfsbereit. Manchmal erhielten wir sogar Gelegenheit, in Hotels aufzutreten.

Welche Instrumente und welche technische Ausstattung hattet ihr dabei?

Wir zogen zwei große Anhänger mit Instrumenten hinter uns her. Die wichtigsten waren eine spanische Konzertgitarre und ein Cajón, eine Kistentrommel. Außerdem hatten wir einige Maracas, eine Flöte, eine Mundharmonika – und natürlich unsere Stimmen. Wegen des technischen Aufwands verzichteten wir auf Verstärker, zumal wir meist in Privathäusern oder auf der Straße spielten. Bei Auftritten vor größeren Gruppen fand sich immer jemand, der uns eine elektrische Gitarre oder Trommeln lieh. Nicht nur bei diesen Anlässen merkten wir, wie sehr wir von der Unterstützung anderer Menschen abhängig waren, die zum Glück immer genau zum richtigen Zeitpunkt auftauchten.

90 MILE STRAIGHT
AUSTRALIA'S LONGEST STRAIGHT ROAD
146.6 km

Wurdet ihr für eure Darbietungen bar bezahlt oder auf andere Weise entlohnt?

F: Das war von Fall zu Fall unterschiedlich. Die Besitzer von Restaurants oder Hotels revanchierten sich meist mit Essen, einem Platz zum Schlafen oder ein paar Bier. Damit waren wir zufrieden, weil wir nicht mehr brauchten. Und wir freuten uns über jeden, der uns mit offenen Armen willkommen hieß. In Asien lagen die Dinge anders. Wegen der vielen Touristen dort spielten wir gewöhnlich auf Straßen und Märkten. Auch die Einheimischen zeigten sich spendabel, gaben uns Geld und unterhielten sich mit uns, was uns am meisten freute.

Was hörten die Leute lieber: eure spanischen Lieder oder Coversongs?

Die Leute sollten ihren Spaß haben. Zugleich lag uns daran, auch unsere eigenen Lieder zu spielen. Wir entschieden uns für einen Kompromiss: In Pubs begannen wir mit englischen Songs von Creedence Clearwater Revival, Bob Marley oder Bob Dylan. Hörten die Leute uns zu, machten wir mit spanischen Liedern weiter. Es war schön, die Freude der Zuhörer mitzuerleben, egal in welcher Sprache wir sangen.

Welche sind aus eurer Sicht die größten Vorzüge und Nachteile einer Radtour durch Australien?

Ein großer Vorzug ist die Einsamkeit. Suchst du menschenleere Gegenden, um dort ungestört die Natur zu genießen, ist Australien das richtige Land für dich. Zwar sind die Distanzen groß und die Routen teilweise monoton, doch die Vielfalt der Landschaften ist großartig. Von heißen und trockenen Wüstengebieten gelangten wir zu schneebedeckten Bergen, umgeben von herrlichen Wäldern. Die Leute sind sehr freundlich und hilfsbereit.

Leider sind die Preise in Australien recht hoch, auch wenn eine Radreise erschwinglich bleibt. Und es ist schon eine Geduldsprobe, wenn man einen Kilometer nach dem anderen schnurgerade auf einer endlosen Straße in die Pedale tritt. Außerdem sollte man auf wilde Tiere und giftige Insekten achten. Sie sind zum Teil faszinierend und natürlich ein Teil der Natur, aber man muss wissen, welche man meiden sollte.

Ihr nahmt bei eurem Trip ein Album auf. Wie kam es dazu?

In Malaysia ein Album aufzunehmen war schon etwas absolut Außergewöhnliches. Wir mussten Australien verlassen, weil uns eine Verlängerung unserer Visa verweigert wurde. Und nach Argentinien wollten wir nicht zurück. Die Wahl fiel auf Malaysia, weil uns von dort jemand per Instagram die Nachricht geschickt hatte, wir sollten uns bei ihm melden, falls wir jemals im Lande wären. Also flogen wir mit den Rädern und dem übrigen Gepäck dorthin. Wir trafen den Mann in einem kleinen Vorort von Kuala Lumpur und verstanden uns sofort gut mit ihm. Jetzt kommt das Verrückte: Ein paar Tage nach unserer Ankunft stellte er uns einem malaysischen Musikproduzenten vor, der in den 70er-Jahren ein Rockstar gewesen war. Er lud uns ein, sein Studio zu besuchen und dort ein Album aufzunehmen. Und das taten wir. Die nächsten anderthalb Monate blieben wir dort und spielten das erste Album unserer Radreise ein. Es war eine wunderbare Erfahrung, und die Chance dazu kam gerade zum rechten Zeitpunkt.

Würdet ihr auch anderen Bands empfehlen, mit dem Rad auf Tour zu gehen? Was hat euch daran besonders gereizt?

Wir würden jedem Musiker unbedingt dazu raten! Wenn du mit dem Rad unterwegs bist, teilst du mit dem Publikum nicht nur deine Musik. Die Zuhörer wissen auch, dass du dich körperlich anstrengen und jede Menge Ausrüstung mitschleppen musstest, um vor ihnen auftreten zu können. Das ist eine Botschaft, die ankommt.

Ehrlich gesagt, hatten wir vorab nicht wirklich gewusst, worauf wir uns einließen. Und es gab Momente, in denen wir uns fragten, warum wir eigentlich die ganzen Instrumente hinter uns herzogen. Wäre es nicht viel einfacher gewesen, nur auf der Mundharmonika zu spielen und in die Hände zu klatschen? Aber der Aufwand lohnte sich, und die Auftritte erwiesen sich als tolle Erfahrung. Wir lieben es, vor Leuten zu musizieren und mit dem Rad zu reisen. Wenn das auch für dich gilt, solltest du es einfach mal ausprobieren!

35

MUSIKINSTRUMENTE IM GEPÄCK

STRASSENKÜNSTLER

@monkey_on_2wheels

Eric Seehof
Deutschland (1990)
Musiker, Mediendesigner

Meine Touren:
von Deutschland nach Thailand (1 Jahr)
Neuseeland (2 Monate)

MEINE GESCHICHTE

Ich wurde in einem kleinen Dorf in der Mitte Deutschlands geboren und begann früh, mit dem Rad durch die Umgebung zu streifen. Aber mehr noch, als mich auf größere Touren zu begeben, wollte ich Punkmusiker werden, nachdem ich mit 16 angefangen hatte, Gitarre zu spielen. Nach dem Schulabschluss und meinem neunmonatigen Zivildienst brach ich dann zu meiner ersten Radreise über die Alpen auf und fuhr von Deutschland nach Italien. Als ich begann, Mediendesign zu studieren, lernte ich den großartigen Violinisten Lukas Bergmann kennen und traf Thomas Sasse wieder, einen guten Freund aus meinem Heimatdorf. Aus Spaß versuchten wir uns als Straßenmusiker. Dann überredete ich beide, mit Fahrrädern und Anhängern einen Tournee-Trip nach Rom zu machen. Unterwegs legten wir Zwischenstopps ein, um in Städten zu spielen. Das machte so viel Spaß, dass ich zum ersten Mal über eine Zukunft als auf dem Rad reisender Straßenmusiker nachdachte. Und als ich nach sieben Jahren, in denen ich mit meiner Band Crepes Sucette auf Konzerten und Festivals aufgetreten war, etwas Neues ausprobieren wollte, kam mir erneut die Idee des radelnden Musikers in den Sinn.

Was motiviert dich, mit dem Rad zu reisen?

Da kommt vieles zusammen. Zunächst einmal liebe ich es, die Natur auf eine Weise zu erkunden, die mich körperlich herausfordert. Je mehr man sich anstrengt, desto intensiver genießt du es, einen Ort zu erreichen, der dir den Atem raubt. Dass man dabei den Elementen ausgesetzt ist, gehört für mich zu einer natürlichen und gesunden Lebensweise dazu. Und es macht mich glücklich, wenn man sein Leben auf die Grundbedürfnisse reduziert. Es zählt dann nur, wohin man fährt, wo man schläft und woher man etwas zu essen bekommt. Außerdem wollte ich auf all das Überflüssige verzichten, das so viele Menschen für wichtig halten, und die Welt auf eine Art kennenlernen, die umweltschonender ist als herkömmliche Formen des Reisens.

Welche Rolle spielt die Musik in deinem Leben? Und warum wolltest du unbedingt ein Instrument mit auf den Trip nehmen?

Ich war immer schon verrückt danach, Gitarre zu spielen. Wohin ich auch ging, hatte ich mein Instrument dabei. Zeitweise kannten mich die meisten meiner Freunde nur mit einer Gitarre in den Händen. Musik ist einfach das Wichtigste in meinem Leben! Ohne sie könnte ich nicht existieren. Mein Gehirn ersinnt ständig unbewusst neue Melodien, die meine Hände dann auf der Gitarre automatisch in etwas verwandeln wollen, das ich hören kann. Kurz gesagt: Ich habe nie auch nur eine Sekunde darüber nachgedacht, kein Instrument auf die Reise mitzunehmen!

< *Mit einer Gruppe von Kurden, die auf der Suche nach Arbeit durch die Türkei zogen. Die Mandoline brach das Eis in Nu.*

v *Jamsession mit einem Einheimischen in Zadar, Kroatien. Wir wurden Freunde.*

Die Spuren von staubigen Pisten im Hinterland.

Welche Erfahrungen hast du in Europa bei deinen vielen Straßenauftritten gemacht? Konntest du genug verdienen, um so deine Reise zu finanzieren?

Straßengigs geben jedem Musiker eine absolut authentische und ehrliche Reaktion des Publikums. Wenn die Leute mögen, was sie zu hören und sehen bekommen, bleiben sie stehen, manchmal sogar den ganzen Auftritt über. Gerade das macht die Situation so reizvoll für mich, denn die Leute bleiben aus freien Stücken, und nicht nur, weil sie zuvor Eintritt bezahlt haben. Ob ich zum Dank Geld oder nur ein Lächeln erhielt, spielte keine Rolle. Einige gaben mir ein paar Münzen, andere 20 oder 30 Euro, weil sie meine Musik mochten. Wenn man unterwegs zeltet und sich selbst versorgt, kann man einen Trip durch Europa durch Auftritte auf der Straße finanzieren. Und je länger man spielt, desto mehr kommt dabei heraus. Hier und dort trat ich ungefähr eine Stunde auf und verdiente damit genug, um mich an dem Tag zu verpflegen.

Welche Instrumente hattest du dabei? Und falls du unterwegs etwas verändert hast – warum?

Mein Hauptinstrument ist eine kompakte akustische Reisegitarre, die ein tschechischer Hersteller mit einem abnehmbaren Hals anbietet. So passt die Furch Little Jane auch in einen Rucksack, und sie klingt fast so voluminös wie eine ausgewachsene Konzertgitarre. Doch als der Abreisetermin näher rückte, kam mir erstmals die Idee, ein weiteres Instrument zu erlernen. Als ich dann später Griechenland verließ, legte ich mir noch eine Mandoline von Seagull zu. Das Modell S8 ist nicht nur ein wenig schmaler als übliche Mandolinen, sondern durch ihre Bauweise auch äußerst robust. Und sie passte, eingerollt in meinen Schlafsack, sehr gut in eine wasserdichte Packtasche.

Auf deinem Weg weiter nach Osten hattest du keine Straßenauftritte mehr. Warum nicht?

Vor allem aus zwei Gründen. Als Straßenmusiker Trinkgelder einzusammeln ist zwar im Westen üblich, nicht aber in vielen östlichen Ländern außerhalb Europas. Die Leute dort hätten gar nicht verstanden, was ich da treibe. Der Hauptgrund war jedoch, dass ich kein Geld von armen Leuten nehmen wollte. Aus dem Westen zu stammen, beschert einem das Privileg, Geld für eine Reise zurücklegen zu können. Es hätte sich falsch angefühlt, mit dem Hut Münzen von Menschen einzusammeln, die selbst kaum genug zum Leben haben.

Was war die größte Katastrophe deiner Reise?

Das ist eine schwierige Frage. Vielleicht als meine teure Kamera in Indien kaputtging und ich mir eine neue kaufen musste. Oder als mein Campingkocher in Nepal vom Rad fiel. Oder als ich in Armenien ganz ohne Wasser war und nachts Durchfall bekam. Am Morgen war ich völlig dehydriert und sah alles doppelt. Oder vielleicht als meine Hinterradnabe schon in Nepal Schwierigkeiten machte, bis sie in Thailand den Geist aufgab und die Reparatur nur 20 Kilometer lang hielt. Weil ich das Rad dann nur noch schieben konnte, musste ich die 800 Kilometer bis Phuket trampen.

Welches Musikinstrument würdest du gern mit auf eine Reise nehmen, obwohl es dafür eigentlich zu groß ist?

Ein Cello! Es ist vielleicht sogar mein Lieblingsinstrument, auch wenn ich es noch nicht spielen kann. Meine Entscheidung, mir eine Mandoline zuzulegen, hatte damit zu tun, dass ihre Stimmung der eines Cellos ähnelt. Ich hoffe, dass ich das Cello auf diese Weise besser verstehen lerne.

In Vorbereitung deiner Tour hast du die Beiträge für deine Reisekrankenversicherung fünf Jahre im Voraus bezahlt. Welche weiteren Tipps hast du noch, auch um die Ausgaben während der Reise niedrig zu halten?

Ich habe nur zwei simple Grundregeln beherzigt: Gib niemals Geld für Übernachtungen aus und koch dir dein Essen immer selbst! Nur im Nordosten Indiens bin ich davon einige Male abgewichen, weil ich in einer Gruppe mit vier anderen unterwegs war, die ich dort kennengelernt hatte. Außerdem muss man sein Geld auch nicht unbedingt für ein nagelneues Fahrrad ausgeben. Stattdessen empfehle ich ein gebrauchtes mit Stahlrahmen aus den späten 80er- oder frühen 90er-Jahren. Mach es selbst zurecht, bis alles funktioniert. Auf diese Weise sparst du nicht nur Geld, sondern lernst auch, wie man es unterwegs repariert.

Würdest du auch anderen empfehlen, ihr Instrument auf die nächste Reise mitzunehmen? Wenn ja, warum?

Wenn du es wirklich leidenschaftlich gern spielst und es auf deinem Rad transportieren kannst, dann auf jeden Fall! Doch du solltest dir darüber im Klaren sein, dass du nach einem anstrengenden Tag auf dem Sattel abends nicht mehr viel Energie zum Musizieren haben wirst. Die Entscheidung sollte auch davon abhängen, durch welche Länder du reisen willst. In Europa wirst du vermutlich auf viele andere Musiker treffen, mit denen du gemeinsam spielen kannst, was eine großartige Erfahrung ist. In Asien hingegen ist das eher ziemlich unwahrscheinlich.

36

CHRONISCHE ERKRANKUNGEN

DIABETES TYP 1

@annalisavdbergh

Annalisa van den Bergh
USA (1991)
Grafikdesignerin, Autorin, Fotografin, Visual Storyteller

Meine Touren:
Northern Tier Route – von Seattle nach New York, USA (2 Monate)
TransAmerica Trail – von Virginia nach Seattle, USA (3 Monate)
Alaska, USA (6 Wochen)
von Kalifornien nach Colorado, USA (3 Monate)
Südindien (2 Monate)

MEINE GESCHICHTE

Als junges Mädchen musste ich wegen einer Wirbelsäulenverletzung mit dem Turnen aufhören. Meine abenteuerlustige Mutter hatte allerdings rasch eine Alternative zur Hand: Fahrradtouren. Die erste führte eine Woche lang durch die Provinz Ontario und begeisterte mich für Querfeldein-Routen. Zwei Jahre später meldete mich meine Mutter für eine Teen-Treks-Tour von Seattle nach New York an.

Während eines Praktikums, das ich nach Abschluss der Designschule in San Francisco absolvierte, informierte mein Vater mich telefonisch, dass meine Mutter auf der Intensivstation lag und ich sofort nach New York zurückkommen müsse. Nach ihrem Tod zog ich wieder nach Hause zu meinem Vater. Jahre später erfuhr ich von Erik Douds, einem Freund, den ich von der Diabetiker-Selbsthilfegruppe her kannte, dass er New York verlassen und mit dem Auto quer durch Amerika fahren wolle. Ich fragte mich damals, warum nicht auch ich so etwas tun könnte! Seit dem Tod meiner Mutter war mein Leben viel zu bodenständig und monoton geworden. Es wurde wieder höchste Zeit, mich aufs Rad zu schwingen und erneut eine große Tour zu machen. Denn schon als Kind hatte ich gelernt, dass ein Fahrrad gleichbedeutend mit Freiheit ist.

Gerade noch rechtzeitig konnte ich Erik überzeugen, sein Auto gegen ein Trekkingbike einzutauschen. Wir begannen mit dem TransAmerica Trail und legten dann drei Jahre lang in der ganzen Welt Tausende von Meilen zurück. Von unterwegs begannen wir, die Magazin- und Filmreihe *Miles of Portraits* herauszugeben: Berichte darüber, wie das Radfahren Menschen zusammenbringt.

In Valdez, Alaska, führte eine verpasste Fähre zu einem Ausflug ohne Gepäck in ein nahes Tal, das an die Anden erinnert.

Was motiviert dich, mit dem Rad zu reisen?

Thomas Edison sagte einmal: »Wenn wir all die Dinge täten, die wir tun können, wären wir selbst am meisten verblüfft!« Dies Zitat beschreibt genau das Gefühl, das mich 2017 an einem wolkigen Sommertag überkam, als das Vorderrad meines 45 Kilogramm schweren Trekkingbikes vom Pazifischen Ozean umspült wurde. Ich fahre Rad, weil das Erreichen jeder Küste, jeder Grenze und jeden Gipfels mir beweist, wozu mein Körper fähig ist. Und Radfahren führt mir klar vor Augen, dass weniger mehr ist: dass alles, was ich im Leben brauche, auch um meine chronische Erkrankung zu behandeln, in vier Packtaschen passt.

Das Radfahren hat mir zudem mehr als alles andere geholfen, mit Verlusten fertig zu werden. Und es gibt Momente, meist wenn ich abends bergab rolle, in denen ich tiefen Dank empfinde für die wunderbare Natur um mich herum und für die Kraft meiner Beine, die mich dorthin gebracht haben.

Inwiefern behindert dich deine chronische Erkrankung beim Reisen mit dem Rad?

Mit Diabetes Typ 1 muss man viel beachten. Hätten Erik und ich 2017 bei unserem TransAm-Trip über Nacht mit dem Radfahren aufgehört, wäre unser Blutzuckerspiegel durch die Decke geschossen, denn der Körper stellt sich auf die regelmäßige Anstrengung ein. Sicher machten wir Anfängerfehler, wenn wir vor dem Schlafen viele Kohlenhydrate zu uns nahmen und dann mit einem gefährlich hohen Blutzuckerspiegel aufwachten. Aber wir lernten immer mehr dazu.

Radfahren ist wie Medizin, denn es senkt den Blutzucker. Nach einem ausgiebigen Essen bleiben wir deshalb nicht sitzen, sondern treten in die Pedale. Auch ein 30-minütiger Spaziergang kann einen nach dem Essen hochschnellenden Blutzuckerspiegel wieder senken. Und wir trinken nur Wasser, was die Werte ebenfalls niedrig hält. Man hat es als Diabetikerin auf einer Radreise nicht leicht, aber die Mühe lohnt sich.

Wie sorgst du dafür, dass du unterwegs ausreichende Insulin-Vorräte dabei hast?

Meist brauche ich eine komplette Packtasche für meinen Diabetiker-Bedarf. Ultralight unterwegs zu sein ist für mich daher schwierig. Injiziere ich mir das Insulin mit Pens, muss ich zwar weniger transportieren, doch die Regulierung des Blutzuckerspiegels bleibt ungenauer. Deshalb bevorzuge ich Insulinpumpen, die jeweils für drei Tage reichen. Sie brauchen mehr Platz, arbeiten aber genauer.

Es mag widersprüchlich klingen, aber um spontane Entscheidungen treffen zu können, muss ich gut im Voraus planen. Damit ich auf der TransAm-Route nicht jede Menge Insulinpumpen dabeihaben musste, ließ ich sie an vorher ausgewählte Warmshowers-Hosts und Postämter entlang der Route liefern. Dennoch muss ich zur Sicherheit stets noch einen Vorrat an Insulin-Pens mitführen, falls eine Pumpe mal ausfallen oder das Pflaster sich von meiner Haut lösen sollte, wie es wegen der hohen Luftfeuchtigkeit in Indien geschah.

In den USA ist Insulin im Notfall nur sehr teuer zu beschaffen. Ironischerweise fühlte ich mich deshalb als Amerikanerin in Südindien sicherer. Dort bekomme ich eine Ampulle Insulin für 400 Rupien, rund 5 Dollar. Ohne Versicherung zahlt man in den USA dafür mehrere hundert Dollar.

Du fuhrst auf dem TransAmerica Trail von Virginia bis Washington State. Welche Vorzüge und Nachteile hat diese Route?

Ich liebte daran vor allem die Leute, die sogenannte »trail family«, deren Teil ich wurde. Das ist etwas Besonderes an dieser Route, die die populärste Verbindung von Küste zu Küste darstellt. Man trifft auf den mehr als 6000 Kilometern an Kirchen, Feuerwachtürmen und Hostels immer wieder dieselben Leute. Ob jung oder alt und woher sie auch stammen, man fühlt sich mit ihnen allen verbunden. Für diejenigen, die vor allem Abgeschiedenheit und Einsamkeit suchen, ist das vielleicht eher ein Nachteil, aber ich sehe das anders. Die Beliebtheit des Trails macht seinen Charme aus, und die Menschen gehören einfach dazu.

Es ist schwer zu sagen, welche Teile der Strecke am schwierigsten und anstrengendsten sind. Gewiss galt es, einige Tiefs zu überstehen, aber die Höhepunkte überwogen bei Weitem. Und über manche Katastrophen, die damals passierten und das Leben erschwerten, kann man rückblickend nur lachen. Sie machen ein Abenteuer und eine gute Geschichte erst aus.

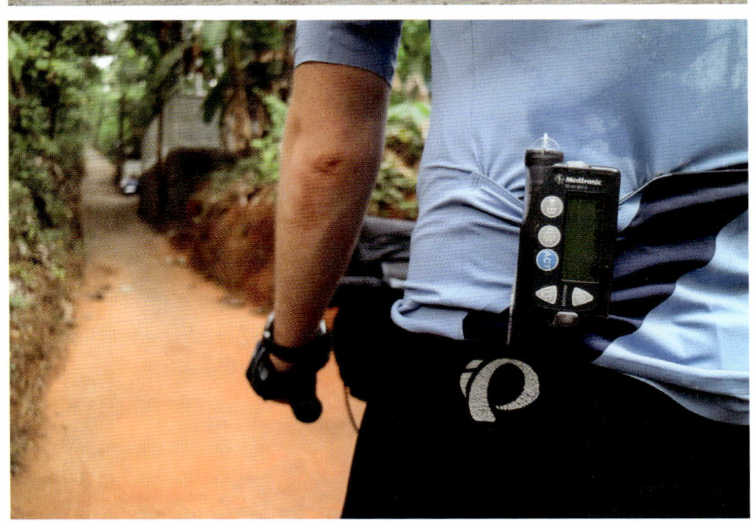

Für das erste Video unserer Reihe Miles of Portraits *zeichneten Erik und ich auf einer Karte unsere Touren durch die USA ein.*

Welche Snacks bevorzugst du unterwegs, wenn dein Zuckerspiegel zu stark absinkt?

Jonathan, der unsere Diabetiker-Selbsthilfegruppe leitet, sagt immer: »Nutze jede Phase, in denen der Blutzuckerspiegel niedrig ist!« Mich ertappt man in solchen Phasen häufig dabei, wie ich eine in Schokolade getauchte Eiswaffel genieße. Im Sommer liebe ich Eiscreme, muss mich aber zurückhalten. Zuckerarme und natürliche Snacks bekommen mir besser als verarbeitete Lebensmittel. Deshalb habe ich meist Rosinen, getrocknete Feigen und Aprikosen dabei. In Indien füllten wir unsere Taschen immer mit kleinen Bananen, die überall wuchsen. Ein Warmshowers-Host hackte sogar eine ganze Staude ab und packte sie auf Eriks Rad. Bananen sind auch bei Magenverstimmungen bekömmlich und waren ständige Snacks für zwischendurch.

Welche wichtigen Ratschläge hast du für andere, die unter Diabetes Typ 1 leiden und eine Radreise machen wollen?

– Schließe dich einer Gruppe an oder fahre mit jemandem, der ebenfalls Diabetes Typ 1 hat, denn man erhält oft von anderen Betroffenen wertvolle Ratschläge. Vor meinem Trip riet mir ein Arzt, beim Radfahren eine Pause einzulegen, sobald mein Blutzuckerspiegel über 240 steigen sollte. Das führte dazu, dass meine Werte anfangs ständig über 300 lagen. Als Erik dazustieß, erfuhr ich von ihm, dass er instruiert worden war weiterzufahren, solange sich kein Keton im Blut bildet.

– Wasser, Insulin und körperliche Betätigung halten den Blutzuckerspiegel niedrig.

– Es ist letztlich egal, ob du mit kurzen oder langen Touren einsteigst. In jedem Fall wird es am Anfang für dich hart, denn das Auf und Ab deiner Blutzuckerwerte wird einer Achterbahnfahrt gleichen. Du wirst unterwegs sehr viel über deinen Körper lernen!

Einige der Porträts, die ich unterwegs für unsere Dokumentarreihe Miles of Portraits *schoss.*

Brauchtest du während eurer zweimonatigen Tour durch Südindien mal ärztliche Hilfe? Und wenn ja, welche Erfahrungen machtest du dabei?

An unserem zweiten Tag dort war uns beiden beim Aufwachen übel. Ich pendelte den ganzen Tag nur zwischen Bett und Toilette und konnte nicht einmal einen Schluck Wasser bei mir behalten. Bei Diabetikern kann dies zu einer Ketoazidose führen: einer gefährlichen Übersäuerung des Blutes. Als ich meinen Ketonwert prüfte, war er extrem hoch.

Daraufhin fuhren Erik und ich mit einem Tuk Tuk ins Krankenhaus. Dort erklärte ich einem Arzt, dass ich als Typ-1-Diabetikerin wegen meiner Magen-Darm-Infektion eine Elektrolyt-Infusion bräuchte. Mir wurde rasch ein Bett zugewiesen. Nach einer Stunde entfernte eine Krankenschwester die Infusion, machte ein Selfie mit mir und gab mir die Antibiotika, die ich brauchte. Für all das wurden mir nur 600 Rupien in Rechnung gestellt, gut sieben Dollar. Meine Bewertung: fünf Sterne!

Hast du während des Trips andere Typ-1-Diabetiker getroffen? Was sagten sie zu deiner Leistung?

Wir haben unterwegs viele andere Diabetiker getroffen. Da war James, der schnell zu einem Freund wurde, nachdem er das Messgerät an meinem Arm sah. Oder Justin, der mir auf der TransAm-Route entgegenkam und mit dem ich mich im Nirgendwo über Medikationen austauschte. Dann übernachteten Erik und ich bei Jean, einer früheren Typ-2-Diabetikerin, die beim Radfahren 90 Kilogramm Gewicht verloren hatte. Und da war Mark, ein Mitglied der TransAm-Familie und traumatisierter Veteran der US-Armee. Bei einem Event der Camping-Kooperative REI hielt er die Eröffnungsrede, die Erik später in einem Instagram-Post so zusammenfasste: »In Marks Augen liefern Annalisa und ich den Beweis, dass man trotz aller Erschwernisse und drohenden Komplikationen bei einer Erkrankung an Diabetes Typ 1 Radtouren durch die Wildnis unternehmen und das naturnahe Leben genießen kann. Er erinnerte daran, dass man seine Träume verwirklichen sollte, denn – das Leben ist kurz!«

37

CHRONISCHE ERKRANKUNGEN

HERZFEHLER

@gonebikefishing

Taneli Roininen
Finnland (1987)
Ingenieur

Meine Touren:
von Finnland nach Indonesien (2 Jahre)
von Ushuaia, Argentinien, nach Kolumbien (2 Jahre)

MEINE GESCHICHTE

Mir haben Zelten und Radfahren immer Spaß gemacht. Ich liebte es, meinen Rucksack mit allem, was ich für ein paar Tage brauchte, aufzusetzen und einfach loszuziehen. Beim Radfahren war ich in meinen Entscheidungen frei und flexibel – die besten Voraussetzungen für ein Abenteuer.

Ich wurde mit einem Herzfehler geboren, der es mir zwar erlaubte, lange ein recht normales Leben zu führen, aber am Ende eine Operation notwendig machte. Als ich meine Ärzte 2014 darüber informierte, dass ich auf dem Rad um die Welt fahren wollte, rieten sie mir, mein Vorhaben möglichst schnell umzusetzen. Das tat ich. Ich kündigte, verkaufte mein ganzes Hab und Gut und schwang mich eine Woche nach meinem letzten Arbeitstag aufs Rad. Etwa zur Hälfte meines vierjährigen und 44 000 Kilometer langen Trips wollte ich – zum ersten und letzten Mal in meinem Leben – die höchsten Bergketten der Welt sehen: den Himalaya und die Anden. Denn nach der Operation würden Aufenthalte in großer Höhe zu riskant sein. Im Laufe der Jahre nahm ich zunehmend entlegene Routen, reduzierte meine Ausrüstung und wählte breitere Reifen.

Was motiviert dich, mit dem Rad zu reisen?

Nachdem ich drei Kontinente mit dem Rad erkundet habe, kann ich mir gar keine andere Art des Reisens mehr vorstellen. Das Tempo ist genau richtig. Du bist nicht zu schnell und kannst jederzeit bei einer Begegnung mit Einheimischen anhalten, aber schnell genug, um einen ganzen Kontinent durchqueren zu können. Und ich liebe es, bei einem langen Trip die sukzessiven Veränderungen der Landschaften und Kulturen bewusst mitzuverfolgen, was bei einem schnelleren Verkehrsmittel unmöglich wäre. Die Umweltfreundlichkeit des Radfahrens ist ein weiterer wichtiger Grund für mich.

Überdies fördert das tägliche Treten in die Pedale meine Gesundheit und mein körperliches Wohlbefinden. In den ersten beiden Jahren meiner Reise war ich gesünder als jemals zuvor. Und nach einem Tag auf dem Rad schlafe ich nicht nur ausgezeichnet, sondern mir schmeckt selbst die schlichteste Mahlzeit großartig.

Bei deiner Geburt wurde ein Herzfehler diagnostiziert. Welchen Einfluss hatte das auf deine Kindheit und Jugend?

Ich wurde mit einer undichten Aortenklappe und einem Aortenaneurysma geboren. Bis auf wenige Einschränkungen konnte ich damit ein ganz normales Leben führen. Ich trieb auch auf hohem Niveau ausgiebig Sport, bis mir mein Arzt im Alter von 16 Jahren davon abriet, eine professionelle Karriere als Eishockeyspieler anzustreben. Nach wie vor fühlte ich mich fit und leistungsfähig, doch die regelmäßigen Untersuchungen zeigten eine schleichende Verschlechterung. Ich akzeptierte die Situation, gegen die ich sowieso nichts tun konnte. Und ich vermied es, zu weit in die ungewisse Zukunft zu planen. Stattdessen konzentrierte ich mich darauf, einen Schritt nach dem anderen zu tun. Heute bin ich meinen Kardiologen und Chirurgen dafür dankbar, dass sie den richtigen Zeitpunkt für die Operation ausgewählt und die fehlerhaften Teile meines Herzens gegen künstliche ausgetauscht haben. Ich hatte die Operation am offenen Herzen immer nur als notwendiges Übel betrachtet, bis ich kapierte, dass sie meine Fitness sogar verbessern würde.

Im Alter von 27 hast du deine vielleicht letzte Chance ergriffen, dich in ein Abenteuer zu stürzen. In welcher Situation befandest du dich bei deiner Entscheidung?

Mit einer künstlichen Herzklappe muss man bis zu seinem Lebensende blutverdünnende Mittel nehmen, um sicherzustellen, dass die Klappe absolut zuverlässig funktioniert. Das Blut kann sich aber unvorhersehbar schnell verdichten, wenn man sich in große Höhen begibt. Deshalb wären Aufenthalte im Hochgebirge sehr riskant. Mich begeistern jedoch die Berge, seit ich 2006 in Nepal 600 Kilometer durch den Himalaya wanderte. Das Zeitfenster, dorthin noch einmal zurückkehren zu können, wurde aufgrund der sukzessiven Verschlechterung meiner Gesundheit immer kleiner. Als meine langjährige Partnerschaft dann ein Ende fand, fiel mir die Entscheidung leicht, meinen großen Traum zu verwirklichen. Mein Arzt gab mir grünes Licht, machte aber zur Bedingung, dass ich alle zwei Jahre zum Check wiederkomme. Die einzigen Dinge, die wir im Leben wirklich bereuen, sind die, die wir nicht getan haben. Und ich wusste, dass diese Reise etwas war, das ich unbedingt für mich tun musste.

Vier Jahre auf der Straße sind eine lange Zeit. Wie kommt man finanziell über die Runden, wenn die Ersparnisse irgendwann aufgebraucht sind?

Mein erspartes Geld reichte etwa zwei Jahre, danach lebte ich auf Kredit. Ein Abbruch kam für mich nicht in Frage, da ich wegen meines Herzfehlers keine weitere Chance erhalten würde. Obwohl es mir nicht gefiel, andere um Geld zu bitten, stellte ich vor meinem Aufbruch nach Südamerika eine Website über meine Reise ins Netz. Ein Freund hatte mich dazu überredet, denn er war davon überzeugt, dass Leute mich bei der Erfüllung meines Traums unterstützen würden. Zu meiner großen Überraschung erhielt ich tatsächlich aus aller Welt kleine Spenden, die mir halfen, über die Runden zu kommen. Als ich dennoch mein Kreditkartenlimit ausgeschöpft hatte, begann ich mit Crowdfunding und kam so durch die Anden. Für all diese Hilfen werde ich ewig dankbar sein!

Am besten plant man die Länge eines Trips so, dass die Ersparnisse dafür reichen. Als talentierter Filmemacher oder Fotograf hast du vielleicht die Chance, über den Social-Payment-Dienst Patreon an Geld zu kommen. Es ist nicht einfach, aber ich habe erlebt, dass es funktioniert!

Innerhalb von zwei Jahren bist du mit dem Rad von Finnland nach Südostasien gefahren. Durch welche Länder führte dich deine Route?

Ich brach im Spätherbst auf, wenige Wochen vor dem ersten Schneefall, und machte mich wie ein Zugvogel auf den Weg nach Süden. Nachdem ich Europa und die Türkei hinter mir gelassen hatte, kam ich in eine der schönsten Regionen dieser Welt: den Kaukasus. Georgien und Armenien boten vielfältige Landschaften, herrliche Routen durchs Hinterland, freundliche Menschen, großartiges Essen und köstliche Weine. Meinen Aufenthalt in Tbilisi, der Hauptstadt Georgiens, werde ich nie vergessen. Den meisten Tiere aus dem Zoo, in dessen Nähe mein Hostel lag, gelang durch ein Hochwasser die Flucht in die Freiheit!

Ich hatte mich darauf gefreut, durch den westlichen Himalaya zu fahren, aber Probleme mit den Visa für Usbekistan, Tadschikistan und China zwangen mich zeitlich dazu, der üblichen Route zu folgen. Doch die warmherzigen Menschen und dramatischen Landschaften in Tadschikistan begeisterten mich sehr.

Einige Monate später wurde Laos zu einem meiner Lieblingsländer. Nach dem Rummel in Nordvietnam waren die geringe Bevölkerungsdichte, die abwechslungsreiche Natur und die wunderbar entspannten Menschen genau das Richtige.

Nachdem du Indonesien erreicht hattest und zwei Jahre vergangen waren, bist du zu einem Check nach Hause geflogen. Als dir die Ärzte grünes Licht für weitere zwei Jahre gaben, hast du dich für Südamerika entschieden. Warum?

Nachdem ich die ungeheure Abholzung in Südostasien erlebt hatte, sehnte ich mich nach unberührter Natur und niedrigeren Temperaturen.

Auf der Seidenstraße hatte es oft Stress bereitet, die Etappen in der durch die Visa begrenzte Zeit zu absolvieren. In Südamerika brauchte ich kein Visum und konnte mir überall so viel Zeit lassen, wie ich wollte. So genoss ich den Luxus, auf den landschaftlich reizvollsten und entlegensten Routen fahren zu können.

Welche Erfahrungen waren für dich auf deinen beiden Trips die wertvollsten?

Rückblickend war es die Kombination aus erfolgreichen Lernprozessen und dem Erleben neuer, exotischer Umgebungen. In den vier Jahren meiner Reise kam beides vor allem in Argentinien in der Hochwüste Puna zusammen, deren Landschaften aus einer anderen Welt zu stammen schienen. Ihre Durchquerung erforderte jedoch gute Planung und Vorbereitung: Zweimal musste ich Proviant für 30 Tage mitnehmen, ohne sicher sein zu können, dass ich unterwegs auf Trinkwasser stoßen würde. Ein großes Risiko, vielleicht aber gerade der Grund, warum ich die Zeit dort so genossen habe.

Eine chronische Erkrankung hält sicher viele davon ab, wie du eine solche Reise zu machen. Mit welchen Argumenten kannst du sie ermutigen?

Interessanterweise waren es gerade meine Herzprobleme, die mir den entscheidenden Kick gaben, aufs Rad zu steigen! Man kann trotz einer Erkrankung körperlich eine Menge leisten, wenn man sich dabei nicht überfordert. Das Tempo bringt dich um, nicht die Distanz, heißt es zu Recht. Menschen allen Alters und mit unterschiedlichstem Gewicht reisen trotz gesundheitlicher Behinderungen mit dem Rad. Die einzigen Grenzen setzt der eigene Wille. Und die schwierigste Hürde bei einer Radtour ist die Entscheidung zum Aufbruch.

In dem Wissen, dass die Operation dein Leben verändern wird, hast du dir deine kühnsten Reiseträume erfüllt. Warum ist es so wichtig, Dinge nicht aufzuschieben?

Auf ihrem Sterbebett bereuen die Leute meist die Dinge, die sie nicht getan haben. Würden wir das jeden Tag bei unseren Entscheidungen berücksichtigen, wäre die Welt ein anderer Ort. Und niemand außer uns selbst weiß, was uns wirklich glücklich macht. Wer seine persönlichen Träume verwirklicht, tut dies aus tiefstem Herzen. Das ist die beste Basis für ein glückliches und erfülltes Leben.

Menschenleere Landschaften in der Puna – einer Hochwüste im Nordwesten Argentiniens. Oft war ich dort eine Woche lang unterwegs, ohne auf einen einzigen Menschen zu treffen. >

38

GRÖSSERE ZIELE

SPENDEN SAMMELN

@unlearningbybike

Nicole Heker
USA (1992)
Auszubildende in der Landwirtschaft

Meine Tour:
von Thailand nach Spanien (18 Monate)

MEINE GESCHICHTE

Alternative Lebenskonzepte haben mich von jeher fasziniert. Doch für ein junges Mädchen, das in Princeton, New Jersey, aufwuchs, schien der Weg vorgezeichnet: erst die Schule, dann in der Stadt arbeiten, heiraten, ein Haus kaufen ... Einige Denkanstöße, die ich von Eltern in meinem Freundeskreis erhielt, und meine Neugier brachten mich von diesem Weg ab. Vor mir lag eine unbekannte Welt und schließlich die Reise mit dem Rad. Als ich in Europa zu studieren begann, reiste ich dort erstmals allein und ging den Jakobsweg. Mein Selbstvertrauen wuchs ebenso wie meine Begeisterung für andere Kulturen und die Natur.

Nach meinem Abschluss an der Penn State University führte mich meine Neugier fünf Jahre lang durch Asien. Als ich das Leben der Menschen dort studierte, lernte ich, die Welt und mich selbst mit anderen Augen zu sehen. Ich durchlief den Prozess des »unlearning« und verabschiedete mich von konventionellen Betrachtungsweisen. Zudem nutzte ich meine privilegierte Lebenssituation, um die Kinderhilfsorganisation Happy Kids Center in Bhaktapur, Nepal, zu unterstützen.

Beim Flechten eines Armreifs – so, wie es mir die Mädchen im Happy Kids Center gezeigt hatten. ^

Einige der Kinder und Lehrerinnen im nepalesischen Happy Kids Center. >

Was motiviert dich, mit dem Rad zu reisen?

Es ist das Gesamtpaket einer Radreise: das Genießen der Umgebung mit allen Sinnen, die körperliche Bewegung, das hautnahe Erleben der lokalen Kultur, die Nähe zur Natur und den Elementen, die Spontaneität des Abenteuers und natürlich die Nächte unter dem Sternenhimmel.

Ich liebe die Stunden auf dem Rad, in denen ich nachdenken und die subtilen Veränderungen der Landschaft studieren kann. Nur bei dieser Art des Reisens habe ich das Gefühl, einen authentischen Eindruck von einem Land zu erhalten – im Guten wie im Schlechten. Und du triffst auf Einheimische, die nicht nur ihre Häuser, sondern auch ihre Geschichten mit dir teilen. Das Rad ist für mich ein magisches Transportmittel.

Was genau verstehst du unter »unlearning«?

»Unlearning« bedeutet, all das uns Aufoktroyierte abzustreifen, was nicht Teil unseres eigenen Wesens ist. Es geht darum, die Art, wie man sich selbst und die Welt wahrnimmt, bewusst und kritisch zu hinterfragen, um ein selbstbestimmtes Leben zu führen. Der Auslöser hierfür war bei mir die Begegnung mit fremden Ländern und Kulturen. Erst dadurch wurde mir meine eigene Sozialisation und das kulturelle Narrativ meiner Herkunft klar. In diesem Sinne habe ich seit Verlassen der USA und besonders während meiner Radtour eine Menge »verlernt«: vor allem Denkmuster wie »Das kann ich nicht!«, »Das sollte ich nicht tun!« oder »Das bin ich nicht!« Gelernt habe ich stattdessen, dass es nicht für alle den gleichen vorgegebenen Weg gibt, der zum Glück führt.

Wie kamst du auf die Idee, deine Radtour zum Spendensammeln zu nutzen? Und woher kanntest du das Happy Kids Center?

Vom Happy Kids Center erfuhr ich 2016, nachdem einige Monate zuvor ein Erdbeben in Nepal Tausende von Menschen getötet und viele Städte zerstört hatte. In Chiang Mai in Thailand, wo ich damals eine Zeit lang lebte, erzählte mir eine Frau davon, dass sie in der kleinen nepalesischen Stadt Bhaktapur aus Bambus Unterkünfte für notleidende Kinder gebaut habe. Ich flog dorthin, und als ich in der Einrichtung eine Weile ehrenamtlich mitarbeitete, wuchs sie mir ans Herz. Ich wusste um meine Möglichkeiten, und was zu tun war. Wenn ich schon nicht länger bleiben konnte, wollte ich aus der Ferne wenigstens finanziell helfen. Dass ich als Amerikanerin Privilegien genoss, war mir während meiner Tour längst klar geworden. Ich beschloss, diese Privilegien zu nutzen und meine Radreise zu einer Spendensammeltour umzufunktionieren.

War es schwer, unterwegs Spenden einzutreiben? Und hattest du einen bestimmten Betrag vor Augen?

Im Spaß habe ich gesagt, dass die Spendenaktion tatsächlich der schwierigste Teil meiner Radtour war. Es ist nicht leicht, Menschen in verschiedensten Ländern der Welt davon zu überzeugen, warum sie gerade dieses eine Projekt unterstützen sollen. Zudem erlahmte die Spendenfreudigkeit mit der Zeit. Doch ich war motiviert und entschlossen, denn ich wusste, dass man sein Geld nicht besser anlegen konnte als zum Wohle dieser Kinder, die ich kennen und lieben gelernt hatte. Mein Ziel war es gewesen, 15 000 Dollar zusammenzubringen, und ich hatte es am Ende meiner Tour erreicht!

Hast du Tipps für Leute, die mit ihrer Radtour ebenfalls ein Projekt fördern wollen?

Es kommt vor allem darauf an, wie ihr einen Spendenaufruf startet und die Leute an eurem Projekt teilhaben lasst. Häufig wird für jedes erreichte Land oder 1000-Kilometer-Etappen ein bestimmter Betrag verabredet. Live-Videos eignen sich hervorragend, um Spender über deinen Trip und zugleich dein Anliegen zu informieren. Zu Spenden aufzurufen ist wichtig, aber genauso wichtig ist es, dass du dich für die aus aller Welt eingegangenen Spenden bedankst! Verhalte dich außerdem glaubhaft und verantwortungsbewusst, wenn du den Leuten erklärst, wofür ihr Geld verwendet wird. Es herrscht viel Misstrauen gegen Spendenaktionen, deshalb ist Transparenz von grundlegender Bedeutung.

Welche Vorteile hat es aus deiner Sicht, als Frau allein zu reisen?

Einer der Vorteile ist, dass man als lebendes Beispiel auch anderen Mut macht, sich ebenfalls an Abenteuertouren heranzuwagen. Denn wenn Frauen, die bei Outdoor-Aktivitäten ohnehin unterrepräsentiert sind, sich trotz aller Ängste allein hinaus in die Welt wagen, zeigt das auch anderen, dass sie diesen Schritt – ungeachtet der zahlreichen Vorbehalte – wagen können. Wie oft hörte ich vor meinem Aufbruch, ich würde die Tour niemals schaffen und es sei viel zu gefährlich, als Frau eine solche Reise allein zu unternehmen. Die Risiken sind für Frauen gewiss höher als für Männer, aber keineswegs unkalkulierbar. Das haben schon viele andere Frauen vor mir bewiesen. Und das hat nicht nur mich, sondern auch meine Familie darin bestärkt, mir zuzutrauen, ein solches Abenteuer zu bestehen!

Gab es brenzlige Situationen, in denen du um deine Sicherheit fürchten musstest?

In einigen wenigen Situationen empfand ich große Angst, bin mir aber bis heute nicht sicher, ob sie in jedem Fall rational begründet war. Da ich als völliger Neuling auf Tour ging, musste ich vieles erst durch Trial-and-Error lernen. Viele Ängste resultierten aus meiner fehlenden Vertrautheit mit dem Leben in freier Natur, was sich aber mit der Zeit zusehends legte. Als allein reisende Frau blieb allerdings die Furcht vor Männern und ihren Absichten, was meine Vorsicht schärfte. Glücklicherweise geriet ich nie in Lebensgefahr, brenzlig war jedoch eine Situation in Bosnien. Dort wurde ich nachts aus dem Schlaf gerissen, als Wasser in mein Zelt schwappte. Erschrocken stellte ich fest, dass der Fluss, an dem ich kampierte, über die Ufer getreten war und meine gesamte Ausrüstung überflutet hatte. Dank eines Adrenalinschubs gelang es mir unter Tränen, meine Sachen und das Zelt so schnell ich konnte aus dem steigenden Wasser zu retten und an einen höhergelegenen Punkt zu schaffen.

Du bist Tausende von Stunden allein unterwegs gewesen. Wie hat dich das geprägt?

Manchmal kann ich es immer noch nicht glauben, dass dieses Mädchen, das sich völlig ahnungslos auf den Weg machte, ihre Kleidung in Flüssen wusch, abends ein Lagerfeuer in Gang bekam und darauf Essen kochte, um dann glücklich und zufrieden im Zelt einzuschlafen. Da ich schon immer gern unter Menschen war, stellte das Alleinsein eine echte Herausforderung dar. Ich befürchtete, dass ich mich so ganz ohne Unterstützung hilflos fühlen würde oder sogar in Versuchung geraten könnte aufzugeben. Ersteres war gelegentlich der Fall, andererseits genoss ich die Zeit, wenn ich ganz in Ruhe meinen Gedanken nachhängen konnte. Und es machte mich stolz, meine eigenen Entscheidungen zu treffen und festzustellen, dass ich ohne Hilfe zurechtkam. All das machte mich reifer und stärker. Heute weiß ich, was ich zu leisten imstande bin, und nehme mir Zeit für die Dinge, die mir wirklich am Herzen liegen.

Hattest du Gelegenheit, die Kinder im Happy Kids Center nach deinem Trip noch einmal zu besuchen? Und wofür wurden die von dir hereingeholten Spenden verwendet?

Nach Beendigung meiner Radreise kehrte ich zunächst direkt in die USA zu meiner Familie zurück, die sich mit eigenen Augen davon überzeugen wollte, dass ich noch am Leben war und alles gut überstanden hatte. Acht Wochen später flog ich wieder nach Nepal und blieb dort etwa fünf Monate lang. Der Empfang im Happy Kids Center war überwältigend. Schon als ich mich auf der Straße näherte, liefen mir immer mehr Kinder entgegen, bis mich etwa 20 von ihnen aufgeregt umringten. Nun wusste ich, dass ich zu Hause war. Die Kinder waren gewachsen und durch die Spendenhilfe kaum wiederzuerkennen: Sie hatten zugenommen, läusefreie Haare und trugen blitzsaubere Kleidung. Ich traf auf völlig veränderte Verhältnisse. Zum ersten Mal seit Bestehen der Einrichtung gingen 90 Prozent der Kinder in die Schule, wo sie regelmäßig gesunde Mahlzeiten erhielten. Zudem konnten sie mit heißem Wasser und Seife duschen. Die durch meine Tour gesammelten Spenden waren tatsächlich bei denen angekommen, die sie am dringendsten benötigten. So wurde die Grundlage für ein wichtiges und nachhaltig konzipiertes Hilfsprojekt gelegt.

39

GRÖSSERE ZIELE

MINIMALER ÖKOLOGISCHER FUSSABDRUCK

@brais.palmas

Brais Palmás
Spanien (1989)
Umweltschützer, Fotograf

Meine Touren:
von Spanien nach Kroatien (6 Monate)
von Spanien nach Deutschland (1,5 Jahre)
von Spanien nach Polen (6 Monate)
von Spanien nach Schweden (2 Monate)

MEINE GESCHICHTE

Ich erinnere mich noch an den leichten Schwindel, der mich ergriff, als ich über eine Europakarte gebeugt saß und mich fragte, ob meine Leistungsfähigkeit für das, was ich vorhatte, ausreichen würde. Nur mit der Kraft meiner Beine wollte ich jeden Kilometer fahren, jeden Berg überwinden und jedes Tal durchqueren. Ich wollte jede Region direkt auf meiner Haut spüren: die dort herrschende Kälte und Hitze, Trockenheit und Nässe. Ich wollte alles um mich herum hören und riechen und so zu einem Teil der Landschaft werden. Und bis auf den Abdruck meiner Reifen im Staub wollte ich keine Spuren hinterlassen. Ich brach auf, ohne zu wissen, was ich in der Fremde finden würde. Am Ende fand ich zu mir selbst.

Seit jener Zeit widme ich mich der Aufgabe, alternative Lebensstile zu erproben, die ein autonomes und damit weniger fremdbestimmtes Dasein ermöglichen.

Ein Wasserfilter erlaubt dir, dich von Städten fernzuhalten und Plastikmüll zu vermeiden. ^

Was motiviert dich, mit dem Rad zu reisen?

Wenn du an einem Flughafen startest und auf einem anderen landest, schadest du nicht nur unserem Planeten, sondern beraubst dich auch der Wahrnehmung von Distanzen. Gelangst du ohne körperliche Betätigung und Akklimatisierungsprozess an dein Ziel, bist du dort nicht mehr als ein Fremdkörper. Eine Alternative ist es, genügsam, aber frei zu reisen, nämlich zu Fuß, mit dem Kanu oder Rad, ohne immer genau zu wissen, wo du heute ankommen oder morgen aufwachen wirst.

Diese Art des Reisens fordert mir einiges ab. Ganz gleich, ob ich an einem Tag 150 Kilometer zurücklegen oder ob ich die Alpen überqueren will. Wichtig ist nur: Wenn ich es schaffe, kann ich stolz auf mich sein – schaffe ich es nicht, kann ich nur mich selbst dafür verantwortlich machen. Und indem ich meine Beine trainiere, trainiere ich auch meine Verantwortung für die Umwelt. Für all das ist ein Fahrrad ideal.

Dir geht es darum, Reisen und Naturschutz unter einen Hut zu bringen. Wie hängt beides zusammen?

Durch unsere Gier und Ignoranz wird die Natur immer schneller zerstört. Mit allem, was wir tun, beeinflussen wir unsere Umwelt und schonen sie oder schaden ihr.

Die meisten Reisenden wollen exotische Kulturen und unberührte Lebensräume kennenlernen, doch in Wahrheit sorgen wir mit dem Tourismus oft für eine Angleichung der verschiedenen Gesellschaften und die Zerstörung des Artenreichtums. Wenn wir uns auch weiterhin an der Vielfalt unseres Planeten erfreuen wollen, müssen wir diese verheerende Entwicklung erkennen und beenden.

»Hinterlasse keine Spuren« – das Motto nachhaltigen Reisens.

Mit welchen NGOs arbeitest du zusammen? Und welche Maßnahmen hast du selbst während deiner Tour praktisch unterstützt?

Ob es um Reportagen, wissenschaftliche Expeditionen, Wiederaufforstungen et cetera ging – in den meisten Fällen kooperierte ich mit BirdLife, Friends of the Earth und dem WWF. Bei Projekten ohne NGO-Beteiligung stellte ich die notwendigen Kontakte über EJAtlas her: eine Internet-Plattform, die sich global mit Umweltkonflikten beschäftigt.

Aktiv unterstützt habe ich Maßnahmen, um in Polen das Fällen hundertjähriger Bäume zu stoppen, in Spanien Meisterschaften im Jagen zu sabotieren und in Armenien monatelang den Zugang zu einer Goldmine zu blockieren. Jedes Land und jede Umweltaktion ist anders, aber bei allen sieht man, wie wichtig individuelles und kollektives Handeln sind, um die Zerstörung der Ökosysteme zu verhindern.

Welche Fähigkeiten, die du dir angeeignet hast, waren in der Natur besonders hilfreich?

Ohne Zweifel waren es Techniken des Überlebenstrainings, die mir halfen, entlegene Regionen zu durchqueren und meinen ökologischen Fußabdruck zu minimieren.

Welche Art Kocher oder Ofen hast du verwendet? Und wie hat er sich bewährt?

Ich hatte einen Holzofen. Er ist leicht, äußerst robust, braucht weder Gas noch Spiritus und macht keinen Lärm. Holz findet man fast überall, und wenn nicht, hat man meist einen Ersatzbrennstoff zur Hand. Ich verwendete den Ofen in Afrika, Europa und Asien. Ob in der Sahara oder in der russischen Taiga: Ich musste nie auf eine warme Mahlzeit verzichten.

Wie wäschst du dich in der Wildnis? Und was bedeutet das Wort »Heimat« für dich?

Seit Langem mache ich meine Körperpflegeprodukte wie Seife, Zahnpasta oder Deodorant selbst. So stelle ich sicher, dass ich weder meinen Körper noch unser Ökosystem kontaminiere. Sind meine Vorräte aufgebraucht, kaufe ich nur solche, die umweltverträglich produziert wurden und biologisch abbaubar sind. Meine Zahnbürste ist aus Holz. Muss ich sie wechseln, kann ich sie im Wald vergraben.

Zu Hause ist immer dort, wo ich meinen Schlafsack ausrolle.

Wie können auch andere bei Radtouren ihren ökologischen Fußabdruck minimieren?

Überprüfe, dass bei der Herstellung der Ausrüstung, die du dir anschaffen willst, zum einen nicht die Naturräume zerstört wurden, die du besuchen willst, und zum anderen nicht die Menschen versklavt wurden, denen du begegnen möchtest. Fliege nicht an dein Ziel. Wenn du eine Radtour machen willst, dann fahr auch mit dem Rad. Und iss regionale sowie saisonale Produkte der Region, in der du dich aufhältst.

Containern in der Stadt und Foraging in der Natur – so geht umwelt- und budgetfrendliche Nahrungssuche für Radfahrer.

Dein neuestes Projekt trägt den Titel »Rewilders«. Dabei willst du ohne festes Ziel oder zeitliche Begrenzung die letzten Bastionen unverfälschter Natur erreichen. Kannst du uns mehr Informationen geben?

Den Entschluss zu diesem Trip fasste ich, weil die bisherigen Umweltschutzmaßnahmen – und insbesondere die Umwelterziehung – komplett versagt haben. Es kümmert die Menschen nicht, wenn sie Bilder sehen, wie Eisbären verhungern, Strände von Müll überspült werden oder Orang-Utans bei Brandrodungen verbrennen. Kaum jemand verzichtet aufs Fliegen oder auf Plastik. Stattdessen wächst der Konsum überall auf der Welt, und unser kapitalistisches System fördert den Massenmord an Millionen von Arten. Wir haben Wälder abgeholzt, die Meere ausgebeutet und das Klima verändert …

Wir dürfen die Gleichgültigkeit all dem gegenüber nicht länger tolerieren. Aus der Wut darüber wurde die Idee zum Rewilders-Projekt geboren. Da gute Worte nicht geholfen haben, müssen nun Taten folgen. Deshalb wollen wir bei einer Reise durch die ganze Welt alle uns zur Verfügung stehenden Maßnahmen ergreifen, um die im Namen des Fortschritts vorangetriebene Vernichtung der Natur zu stoppen. Wir wissen, dass wir nicht gewinnen können, aber wir werden kämpfen.

40

GRÖSSERE ZIELE

RETTER AUF DER STRASSE

@stepoutandexplore

Tomas Smejkal
Slowakei (1988)
Arzt

Lolo
Slowakei (2014)

Luba Lapsanska
Slowakei (1985)
Ärztin

Phoebe
Slowakei (2011)

Unsere Tour:
von Vancouver, Kanada, nach Coyhaique, Chile (34 Monate)

UNSERE GESCHICHTE

Wir beide sind Ärzte und haben nach reiflicher Überlegung unser bisheriges Leben an den Nagel gehängt. Es reichte uns nicht mehr, zwar in derselben Stadt unser Geld zu verdienen, uns aber kaum zu sehen. Deshalb beschlossen wir an einem Januarabend, alles zurückzulassen und mit unseren Rädern durch Nord- und Südamerika zu fahren. Mitnehmen wollten wir nur unsere vierbeinigen Schützlinge. Auf Grund unserer Erfahrungen, die wir bei kürzeren Touren in Europa gesammelt hatten, glaubten wir, dass unser Trip von Kanada nach Argentinien etwa anderthalb Jahre dauern würde. Am Ende brauchten wir beinahe drei Jahre, um 28 500 Kilometer zurückzulegen. Wir retteten vielen Tieren entlang der Route das Leben, bis wir unser Ziel fast erreichten, nur um dann wegen Covid-19 fluchtartig nach Europa zurückkehren zu müssen.

Was motiviert euch, mit dem Rad zu reisen?

L: Bei mir sind es vor allem die Freiheit und Unkompliziertheit des Reisens. Und nur noch beim Wandern bist du sonst allem um dich herum so nah. Du kannst jederzeit stoppen, wenn du mit jemandem reden oder ein Foto machen willst.

T: Ich liebe die ultimative Freiheit, die nur Radfahren und Wandern ermöglichen. Aber beim Radfahren kann man größere Strecken zurücklegen und muss das Gepäck nicht auf den Schultern tragen. Wo und wann immer du willst, kannst du haltmachen, um die Szenerie um dich herum zu genießen – oder um den Gegenwind zu verfluchen, der dir seit drei Tagen entgegenweht. Wenn man sich auf dem Rad den Elementen ausliefert, gehört es dazu, dass man bei schönem Wetter Spaß hat und bei schlechtem manchmal buchstäblich um sein Leben kämpfen muss. Radfahren ist eben eine Herausforderung, die dir viel abverlangt und dich am Ende in vieler Hinsicht läutert.

Mit Tieren zu reisen kann Probleme bereiten, vor denen viele zurückschrecken. Habt ihr in der Hinsicht Bedenken gehabt?

Ich glaube, es sind mehr die Grenzübertritte, die Leute abschrecken, als die Fragen der Unterbringung oder des Transports der Tiere. Was Letzteres angeht, gib es Unterschiede: Während die »colectivos«, so nennt man in Südamerika Kleinbusse und Sammeltaxen, unsere Hunde anstandslos mitnahmen, war das in luxuriösen Fernreisebussen allenfalls im Laderaum möglich und selbst dann nicht immer. Beim Übernachten gab es weniger Probleme, als wir befürchtet hatten: vor allem, wenn man mit dem Vermieter persönlich sprach. Und Grenzübertritte sollten einfach nur gut vorbereitet sein, damit man aus Unkenntnis keine böse Überraschung erlebt und die Tiere in Quarantäne müssen. Wir hatten vorher gründlich recherchiert und keine Schwierigkeiten. Insgesamt lief alles ziemlich reibungslos. Mit unserem Wissen heute würden wir manches vielleicht schneller regeln, aber das ist auch alles.

Ursprünglich wolltet ihr es mit den Hunden in anderthalb Jahren von Kanada bis Patagonien schaffen. Wann habt ihr festgestellt, dass ihr länger brauchen würdet? Gab es keine Verpflichtungen für euch zurückzukehren oder drohende finanzielle Probleme?

Mexiko änderte alles. Eigentlich wollten wir nur einen Abstecher nach Baja California machen und dann zurück zur Hauptroute. Bei unseren Etappen richteten wir uns jedoch nach Empfehlungen von anderen Radfahrern, wobei wir immer weiter ins zentrale mexikanische Hochland gerieten. Erst dort realisierten wir, dass bald die Regenzeit einsetzen und die Straßen in ein Schlammbad verwandeln würde. Deshalb beschlossen wir, diese Phase in Mexiko auszusitzen.

Als Homesitter blieben wir sechs Monate dort und nutzten die Zeit, um unsere Ausrüstung zu verbessern. Wir tauschten den alten Anhänger gegen einen gefederten aus und stellten auf Bikepacking um. Wir trieben einige Sponsoren auf – und wir heirateten im Beisein unserer Familien und Freunde. Zu guter Letzt hatten wir sogar mehr Geld übrig als geplant. Und da wir vor dem Trip unsere Jobs in London gekündigt hatten, konnten wir frei entscheiden, länger zu bleiben.

Mit dem Rad begegnet man oft herrenlosen oder verwundeten Tieren. Welche Erfahrungen habt ihr in Nord-, Mittel- und Südamerika gemacht? Und in welchen Ländern war das Problem besonders groß?

Auf Straßenhunde trafen wir überall, aber in Zentralmexiko, Guatemala, Peru und Bolivien war ihr Zustand am schlimmsten. Abgemagert und mit räudigem Fell wurden sie, teilweise mit Welpen, von den Einheimischen mit Tritten verjagt.

Zu Beginn fütterten wir sie aus unseren Vorräten, bis wir Futter hinzukaufen mussten. Manche behandelten wir auch gegen Flöhe und Zecken. Anderthalb Jahre lang sagten wir uns, dass wir für die Tiere nicht mehr tun können, zumal wir selbst zwei Hunde dabeihatten. Die Situation änderte sich, als wir im Dezember auf das erste Tier stießen, das intensivere Hilfe benötigte.

Könnt ihr eine dieser Rettungsaktionen näher erläutern?

Die letzte ging uns besonders zu Herzen. In La Paz, Bolivien, fanden wir vor unserem Apartment einen verletzten Welpen, der aus Nase und Schnauze blutete. Wir brachten ihn zum örtlichen Tierarzt, der ihn ohne Untersuchung einschläfern wollte. Doch damit waren wir nicht einverstanden.

Erst der dritte Tierarzt war bereit, das junge Tier zu röntgen und per Ultraschall zu untersuchen. Er stellte mehrere Schädelbrüche und Nierenquetschungen fest. Paz – diesen Namen hatten wir der jungen Hündin mittlerweile gegeben, da wir sie in La Paz gefunden hatten – blieb über Nacht in der Tierklinik. Am nächsten Tag ergab eine neue Untersuchung, dass keine Hirnblutungen aufgetreten waren und die Schädelverletzungen nicht operiert werden mussten. Paz würde wieder gesund werden.

Als Nächstes suchten wir jemanden, der bereit war, Paz vorübergehend oder ganz bei sich aufzunehmen. Geovanni, der Inhaber des Radfahrer-Hostels Casa de Ciclista in Juliaca, Peru, bot seine Hilfe an. Er wollte sich um Paz kümmern, bis eine dauerhafte Bleibe für sie gefunden wäre. Also brachten wir Paz mit Bussen und einem Taxi nach Peru. Dort verabschiedeten wir uns von der Kleinen und kehrten nach La Paz zurück, um am nächsten Tag nach Chile aufzubrechen. Zwei Wochen später erhielten wir von einem kolumbianischen Paar auf Radreise eine Nachricht. Beide hatten sich in Paz verliebt und wollten sie adoptieren. Mittlerweile ist Paz der süßeste Schäferhund-Mischling, den man sich vorstellen kann.

Ihr konntet euch unterwegs nicht um jedes herrenlose Tier kümmern. Nach welchen Gesichtspunkten habt ihr entschieden einzugreifen oder die Tiere sich selbst zu überlassen?

Wir urteilten nach dem Gesamtzustand, dem Aussehen des Fells, dem Gewicht und sichtbaren Verletzungen. Straßenhunde können für sich selbst sorgen, solange sie nicht krank sind. Waren sie nicht abgemagert, sparten wir das Futter lieber für bedürftigere Tiere, da wir auf den Rädern nur wenig Vorräte mitnehmen konnten.

Selbst dort, wo es keine Haustierkultur gibt, ist Bildung der beste Weg, damit Menschen verstehen, was streunende Tiere benötigen. Welche Empfehlungen habt ihr in dieser Hinsicht?

Kinder sind die Zukunft. Wenn man ihnen zeigt, wie man mit Tieren umgeht, wird das dazu beitragen, Missstände zu verbessern. Kinder brauchen geduldige Erklärungen und anschauliche Beispiele. Als wir sie Lolo und Phoebe streicheln ließen, lernten sie aus eigener Anschauung, dass Hunde nicht gefährlich sind, wenn man sie gut behandelt. Aber das sind sicher nur kleine Anfänge. Viel zu oft haben wir Tiere in fürchterlichem Zustand gesehen. Doch als Durchreisende kann man Veränderungen höchstens anstoßen, aber nicht wirklich verankern, denn dazu bräuchte es Jahrzehnte. Wir hoffen, dass wir eines Tages länger an einem Ort bleiben können, um nachhaltigere Initiativen starten zu können

Phoebe und Lolo teilten sich die ganze Tour über einen Anhänger. Wie habt ihr die beiden daran gewöhnt, ständig unterwegs zu sein?

Phoebe und Lolo waren es bereits vorher gewohnt, uns auf Radtouren zu begleiten. Jeden Sommer waren wir mit ihnen in Europa mehrere Wochen unterwegs. Man muss langsam anfangen und es den Tieren im Anhänger gemütlich machen. Das ist wichtig! Beibringen mussten wir ihnen nicht viel. Neben den Rädern herzulaufen, lernten sie an einem Tag. Und sie taten es gern, weil sie neugierig waren, neue Umgebungen zu erkunden. Darin standen sie uns in nichts nach!

Einige der Tiere, die wir unterwegs retteten: das Kätzchen Bici sowie Paz und Chiqui. >

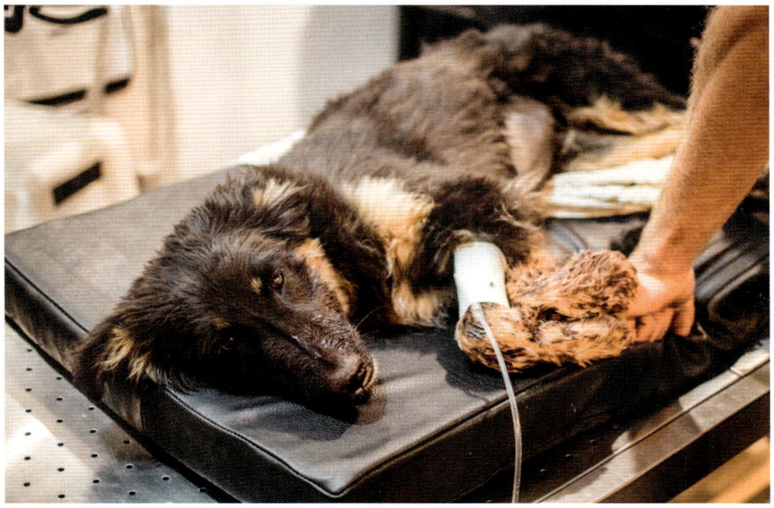

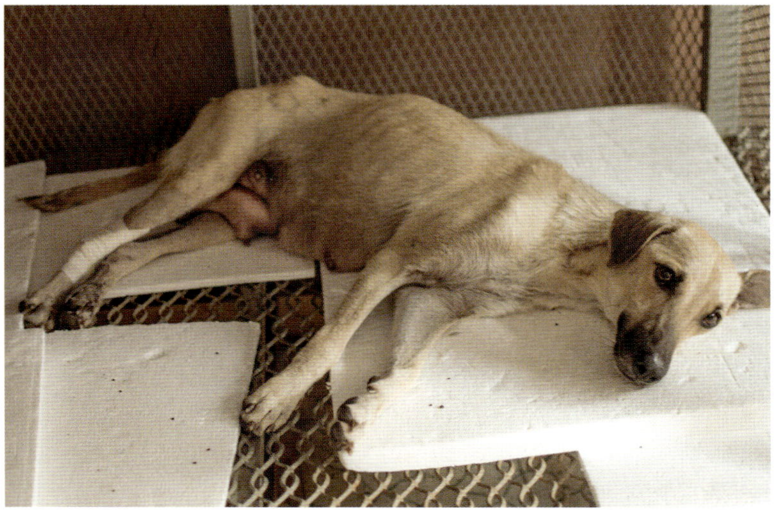

dogy
XLC MONO
dogy
WARNING
ATTENTION

EPILOG

Nun, nachdem du einen Einblick in das Leben vieler Menschen erhalten hast, die sich entschlossen haben, auf dem Sattel eines Fahrrads ihr Leben zu ändern: Was empfindest du? Spürst du auch den Ruf der Straße? Löst allein die Möglichkeit, dich auf dein eigenes Rad zu schwingen, ein Glücksgefühl in dir aus? Vielleicht überwiegt bei dir auch noch die Haltung, dass du deine derzeitige Lebenssituation nicht grundlegend ändern kannst oder willst. Damit stehst du keineswegs allein da. Wie du lesen konntest, hätten viele der Menschen, die in diesem Buch zu Wort kamen, vorher niemals geglaubt, mit dem Rad um die halbe Welt zu fahren – geschweige denn, allein in der Wildnis Alaskas zu zelten, den afrikanischen Kontinent zu überqueren, insgesamt Zehntausende von Höhenmetern zu überwinden oder irgendwo in der Pampa streunende Hunde einzusammeln. Aber am Ende haben sie es getan, und du kannst es auch! Du musst dafür nur über deinen Schatten springen, ein paar Taschen mit Ausrüstung auf dein Rad schnallen, in die Pedale treten und deine Stadt hinter dir lassen. Wo ein Wille ist, ist ein Weg. Und wir sind sicher, dass du den für dich passenden finden wirst.

Also keine Ausflüchte mehr.

FAHR EINFACH LOS!

SO FINDET IHR UNS

01. Ann

@mairawa
www.mairawa.com

02. Nacho & Simón

@260litros
www.youtube.com/260litros

03. Kyle

@kylehughesphoto

04. Andrew & Nicola

@swagfamilyhughes
www.swagfamily.com.au

05. Kevin & Guillaume

@heybrotrip
www.hey-bro.com

06. Pablo

@bikecanine
www.bikecanine.com

07. Douglass & Genevieve

@pedalingpair
pedalingpair.wixsite.com/pedalingpair

08. François

@francis_bike_on
www.francisbikeon.wordpress.com

09. Thibault & Julien

@pedalpaca
www.pedalpaca.com

10. Ana

@remoteana
www.azamorano.com

11. Pim & Nienke

@nienkenpim
www.outdoorroamers.com

12. Nathan

*@_nathannorth_*
www.nathannorth.wordpress.com

13. Franziska & Jona

@talesontyres

14. Trien

@trientrapt
www.trientrapt.com

15. Mieke & Niko

@rideatandem
www.rideatandem.net

16. Kalima & Sylvain

@world.foodorama
www.worldfoodorama.com

17. Helena & Oliver

@smartveganlife
www.smartveganlife.com

18. Susanne

@pedelecadventures
www.pedelec-adventures.com

19. Thomas

@thomas_schenker_adventure
seitenstrassen-der-seidenstrasse.de

20. Annie

@a_girl_outside

21. Steve

@republicofdoom + @fourcornersguides
www.fourcornersguides.com

22. Jakoba & Matthijs

@wheelsonwind
www.wheelsonwind.com

23. Mikel, Javier & Iñaki

@saltysoulproject

24. Karla & Daniel

@karlatrobles + @perdidoenbici
www.perdidoenbici.blogspot.com

25. Daniel

@danielweststeyn
30daysx30years.tumblr.com

26. Lael

@laelwilcox
www.laelwilcox.com

27. Nguyên & Thibault

@nonlaproject
thibaultcl.wixsite.com/nonlaproject

28. Becky & Sam

@adventuresbycycle + @becbycycle
www.adventuresbycycle.com

29. Alee

@cyclingabout
www.cyclingabout.com

30. Juanita

@lajuana.bike
www.lajuana.bike

31. Ryohei

@ryohei_oguchi_around_the_world
www.youtube.com/c/RyoheiOguchi

32. Ben

@benpagefilms
www.benpagefilms.com

33. Blanca

@txurif
www.blancaonabike.com

34. Maxo, Franco & Daniel

@thebikingsproject
www.thebikingsproject.com

35. Eric

@monkey_on_2wheels
www.youtube.com/monkeyon2wheels

36. Annalisa

@annalisavdbergh + @milesofportraits
www.workfrombike.com

37. Taneli

@gonebikefishing
www.gonebikefishing.com

38. Nicole

@unlearningbybike
www.unlearningbybike.com

39. Brais

@brais.palmas
www.braispalmas.com

40. Tomas & Luba

@stepoutandexplore
www.stepoutandexplore.com

Tristan Bogaard

@tristanbogaard
youtube.com/tristanbogaard

Belén Castelló

@belletoscan
youtube.com/belletoscan

Fotonachweis

Alle Fotos stammen von der/den im jeweiligen Kapitel abgebildeten Person(en). Mit Ausnahme von:

S. 7: Tristan Bogaard & Belén Castelló
S. 10, 12, 13, 14 (oben rechts): Tomasz Gehrke
S. 14 (oben links): Taneli Roininen
S. 67: Belén Castelló
S. 72 (unten), 74, 75 (Mitte): Kyle Hughes
S. 109 (oben): Jean-Pascal Bilodeau
S. 119: HNF Nicolai
S. 120, 121 (oben links): Andreas Törpsch
S. 123 (oben): Ondra Veltrusky
S. 126 (Mitte): Hannes Heinle
S. 127 (links): Friedrich Schenker
S. 132–137: Huw Oliver
S. 149 (rechts): Bill Cunningham
S. 172–177: Rugile Kaladyte
S. 184, 185: Simon Hilton
S. 198: Tom Jarman
S. 199 (Mitte): Mauro Pau
S. 201 (oben): Simon Mendizabal
S. 201 (unten): Nacho Pellejero
S. 203: Masaru Furuya
S. 209, 210: Cass Gilbert
S. 236–241: Annalisa van den Bergh & Erik Douds
S. 244: Renzo Scattone
S. 249, 250, 252: Jeremy John
S. 248, 251: Linda Hart

Die Originalausgabe erschien 2021 unter dem Titel
50 Ways to Cycle the World
www.lannoo.com

Bibliografische Information der Deutschen Nationalbibliothek
Die Deutsche Nationalbibliothek verzeichnet diese Publikation in der Deutschen Nationalbibliografie; detaillierte bibliografische Daten sind im Internet über http://dnb.dnb.de abrufbar.

1. Auflage
ISBN 978-3-667-12744-0
Die Rechte für die deutsche Ausgabe liegen beim
Delius Klasing Verlag GmbH, Bielefeld

Originalausgabe:
Text & Interviews: Tristan Bogaard & Belén Castelló
Layout: Belén Castelló
Lektorat: Belén Castelló & Tristan Bogaard

Bearbeitung der deutschen Ausgabe:
Übersetzung: B. le Coutre
Lektorat und Satz: Thomas Rath für booklab GmbH, München
Einbandgestaltung: Felix Kempf, www.fx68.de

Gesamtherstellung: Print Consult, München
Printed in Czech Republic 2023

Delius Klasing Verlag GmbH
Siekerwall 21
D - 33602 Bielefeld
Tel.: 0521/559-0, Fax: 0521/559-115
E-Mail: info@delius-klasing.de
www.delius-klasing.de